JN141541

財務会計の
重要論点

桜井　久勝 著

税務経理協会

はしがき

　本書は，会計ビッグバンと会計基準の国際的統合活動を経て大変革を遂げた現代の日本の財務会計を，その理念や基礎概念にまで遡って深く理解するために，重要論点を取り上げて解説した書物である。

　かつて日本の財務会計の理解に不可欠な文献として活用されてきたのは，1949年に制定された『企業会計原則』であった。しかし70年の年月を経て今や日本の財務会計と財務諸表は大きく変貌している。会計制度や会計基準が立脚する理念や基礎概念が進化するとともに，新しい取引や事象に対応するために会計基準が新設や改廃された領域も多い。それらの中から，本書は，現代の日本の財務会計の深い理解に必要なトピックスを「重要論点」として選択している。

　本書は，著者が『税経通信』誌の編集部の依頼により，同誌の2017年10月号から2019年3月号までの全18回にわたり，「基礎からわかる財務諸表の学び方・考え方」と題して執筆した連載を再編集することにより成立している。その連載では，会計ビッグバンと国際会計基準の影響を受けて大きく変貌した日本の財務会計について，知識をブラッシュ・アップしなければならなくなった実務家が，主要な読者として想定されていた。そのような実務家が，新しくなった日本の財務会計の基本的な考え方を理解したうえで，それを実務への応用へと役立てることができる内容のトピックスを取り上げて，丁寧かつ平易に論述してほしいというのが編集部からの依頼であった。

　しかし本書での解説は，相対的に若い世代の読者や，財務諸表の作成技術の背後に存する論理を初めて学ぼうとする読者にとっても，有意義な知見を得るために大いに役立つものと思われる。現行の制度や会計基準の特徴と位置づけは，過去の制度との対比や歴史的な変遷の中で考察することで，よりいっそう深い理解が得られるからである。

　本書に収録された18の章は，明示的には区分されていないが，おおよそ次の

ように配列されている。第1〜4章は、いわば本書の総論部分であり、現代の日本の新しい財務会計を特徴づける理念や基礎概念が論じられる。続く第5・6章は、公表される財務諸表の体系の整理、包括利益計算書や株主資本等変動計算書への言及、およびキャッシュ・フロー計算書の解説に充てられる。第7〜16章では、現代の財務諸表の理解にとって重要度の高い取引や事象を個別的に取り上げて、その会計処理を基礎理論にまで遡って解説している。第17章は、連結財務諸表の重要論点を説明し、第18章では、財務会計の変革を先導してきた会計基準の国際的統合が論じられて、本書は完結する。

　本書が、財務会計を学ぶ学生や企業会計にたずさわる実務家など多くの読者を得て、これらの人々が財務会計の基本を深く理解するとともに、新しくなった日本の財務諸表が広く周知されるのに役立つことを願う次第である。

　最後になったが、本書の出発点となった『税経通信』誌への連載をお勧め下さった大坪嘉春会長、および連載時から本書の刊行までお世話をいただいた大川晋一郎氏をはじめとする税務経理協会の皆様にお礼を申し上げたい。

2019年2月

桜　井　久　勝

目　次

はしがき

第1章 | 財務会計の機能と制度
   1　インフラとしての財務会計 ──────────────── 1
   2　情報の非対照性 ────────────────────── 1
   3　事前情報の役割に期待する金融商品取引法 ───────── 4
   4　事後情報として活用する会社法と法人税法 ───────── 6
   5　トライアングル体制のメリットと課題 ────────── 8

第2章 | 概念フレームワーク
   1　会計基準の必要性とその形成アプローチ ───────── 11
   2　概念フレームワークの役割と構成 ──────────── 12
   3　財務報告の目的 ───────────────────── 14
   4　会計情報の質的特性 ─────────────────── 16
   5　財務諸表の構成要素 ─────────────────── 18
   6　財務諸表における認識と測定 ────────────── 20

第3章 | 資産負債アプローチ
   1　2つの会計観 ─────────────────────── 23
   2　収益費用アプローチ ─────────────────── 24
   3　資産負債アプローチ ─────────────────── 26
   4　時価評価を含む資産負債アプローチ ─────────── 28
   5　包括利益の測定と報告 ────────────────── 30
   6　組替調整による純利益と包括利益の共存 ───────── 32

第4章 │ 資産・負債の評価基準

1 測定尺度の選択肢 ———————————————— 35
2 割引現在価値による評価の理念 ————————— 36
3 経済学的利益と発生主義会計利益の比較 ————— 37
4 時価会計の理念的優越性 ————————————— 40
5 企業価値評価からみた原価主義情報の価値 ———— 42
6 混合的測定 ————————————————————— 44

第5章 │ 財務諸表の体系

1 金融商品取引法と会社法 ————————————— 47
2 財務諸表と計算書類の比較 ———————————— 48
3 貸借対照表の明瞭表示 —————————————— 51
4 損益計算書と包括利益計算書 ——————————— 54
5 株主資本等変動計算書 —————————————— 57

第6章 │ キャッシュ・フロー計算書

1 財務諸表の体系における位置づけ ————————— 59
2 複式簿記による作成 ——————————————— 60
3 キャッシュ・フロー計算書の機能 ————————— 62
4 キャッシュ・フロー計算書の基礎概念 ——————— 64
5 直接法による作成 ———————————————— 66
6 間接法による作成 ———————————————— 68

第7章 │ 有価証券の時価会計

1 有価証券会計の2つの特徴 ———————————— 71
2 有価証券の期末評価基準 ————————————— 72
3 保有目的別の会計処理 —————————————— 73
4 減損処理 —————————————————————— 76

5　時価の把握 ──────────────── 77
　　6　国際基準との比較 ──────────── 78

第8章｜デリバティブとヘッジ会計
　　1　デリバティブの意味と種類 ───────── 83
　　2　ヘッジと投機 ──────────────── 84
　　3　デリバティブの機能と制度 ──────── 86
　　4　デリバティブの会計処理 ──────── 89
　　5　オフバランス処理と時価評価の論拠 ──── 91
　　6　ヘッジ会計 ──────────────── 92

第9章｜売上高の認識と測定
　　1　会計基準の新設 ──────────── 95
　　2　新基準による収益認識の概要 ────── 95
　　3　契約の識別［第1ステップ］ ────── 98
　　4　履行義務の識別［第2ステップ］ ──── 98
　　5　取引価格の算定［第3ステップ］ ─── 101
　　6　履行義務の充足による収益の認識［第5ステップ］ ─── 104

第10章｜外貨建取引の換算
　　1　外貨建取引と為替リスク ──────── 109
　　2　外貨建取引の換算 ──────────── 110
　　3　為替予約による為替差損の回避 ──── 112
　　4　予定取引のリスクヘッジ ──────── 115
　　5　通貨オプションの活用 ────────── 118

第11章｜棚卸資産と固定資産の期末評価
　　1　原価会計における簿価の切り下げ ───── 121

2　棚卸資産の期末評価 ──────────── 122
　　3　固定資産の期末評価 ──────────── 125
　　4　減損損失の測定 ────────────── 127
　　5　帳簿価額を切り下げる論拠 ───────── 129

第12章｜退職給付の会計
　　1　営業上の固定負債 ───────────── 133
　　2　退職給付の制度 ────────────── 133
　　3　勤務費用と利息費用 ──────────── 135
　　4　外部積立方式の運用収益 ────────── 137
　　5　数理計算上の差異 ───────────── 140
　　6　過去勤務費用 ─────────────── 141
　　7　連 単 分 離 ─────────────── 142

第13章｜純資産の部の構成項目
　　1　純資産の部の区分表示 ─────────── 145
　　2　資本金と資本剰余金 ──────────── 146
　　3　利益剰余金 ──────────────── 148
　　4　自己株式と自己株式処分差益 ───────── 149
　　5　評価・換算差額等 ───────────── 151
　　6　新株予約権 ──────────────── 154
　　7　非支配株主持分 ───────────── 157

第14章｜組織再編の会計
　　1　組織再編の法的形態 ──────────── 159
　　2　合　　　併 ──────────────── 159
　　3　株式交換と株式移転 ──────────── 163
　　4　会社の分割 ──────────────── 166

第15章 | 税金費用と税効果会計

1. 税金費用の計上 ——————————————————— 171
2. 法人税等の申告と納付 ————————————————— 172
3. 税効果会計の必要性 —————————————————— 173
4. 繰延税金資産と繰延税金負債 ————————————— 176
5. 繰延税金資産の回収可能性 —————————————— 179
6. 法定実効税率 ————————————————————— 180
7. 財務諸表の表示と開示 ————————————————— 182

第16章 | 会社法による配当規制

1. 制限の趣旨と対象 ——————————————————— 183
2. 剰余金の範囲 ————————————————————— 184
3. 分配可能額 —————————————————————— 186
4. 自己株式に関する調整 ————————————————— 187
5. 臨時決算を行った場合の調整 ————————————— 188
6. のれん等調整額 ———————————————————— 189
7. その他の追加的控除額 ————————————————— 191

第17章 | 親会社説と経済的単一体説

1. 資本主理論と企業主体理論 —————————————— 195
2. 親会社説と経済的単一体説 —————————————— 196
3. 非支配株主の利益と持分の表示 ———————————— 198
4. 持株比率が0％の連結子会社 ————————————— 200
5. 子会社の時価評価と資本連結 ————————————— 201
6. 支配獲得後の株式売買 ————————————————— 204
7. 子会社が計上した未実現利益 ————————————— 207

第18章 │ 会計基準の国際的統合

1　会計基準の整備 ──────────────── 209
2　資本の国際的な流通 ────────────── 209
3　企業のベネフィット ────────────── 211
4　国際的統合への歩み ────────────── 214
5　会計基準の適用区分 ────────────── 215

索引 ─────────────────────── 221

第1章 財務会計の機能と制度

1 インフラとしての財務会計

　会計は人々が経済生活を円滑に営むために不可欠なインフラストラクチャーである。電気・水道・通信・交通などが，それなくして人々の生活が成り立たないという意味で不可欠な社会的インフラであるのとちょうど同様に，財務会計は株式会社制度や証券市場制度など，高度に発展した現代社会の運営に欠かせない多くの経済制度の背後にあって，それらを基盤から支える役割を果たしている。

　現代の日本の経済社会で，財務会計というインフラストラクチャーに期待される役割は，企業が会社法・金融商品取引法・法人税法などの法的な規制を受けつつ，みずからの財務的な業績の測定と報告を通じて，企業と利害関係者の間の良好な関係を確立することにより，企業の成長と経済社会の発展に寄与することであるといえよう。

　主としてこれら3つの法律の下で企業の会計実務が行われる日本の制度的な特徴は，しばしば**トライアングル体制**ともよばれてきた。これら3つ法律は，それぞれが担っている目的をより良く達成するために，財務会計が所定の機能を十分に遂行することを期待して，企業の会計に規制を加えたり，企業会計の実務に影響を及ぼしたりしている。

　そこで第1章では，財務諸表が大きな経済価値をもつ情報であるという観点から，財務会計に期待される機能をめぐる基礎概念を整理したうえで，日本の制度会計の体系の理解の仕方について考えよう。

2 情報の非対称性

　財務報告の中心をなす財務諸表が，経済的な価値をもった情報であるという

理解は，今日広く受け入れられている考え方である。どんな情報であれ，それに経済的な価値があるということは，その情報に精通している場合と，情報を持たない場合とでは，経済活動の成果に大きな差が生じることを意味する。同じことであるが，情報に精通した人と情報を持たない人の間の取引では，情報に精通した人の方が圧倒的に有利である。

経済取引の当事者全部には情報が行き渡らず，一部の当事者だけに情報が偏在する状況を「**情報の非対称性**（asymmetry of information）」という。情報格差といってもよいが，情報格差は利用可能な情報量の地域差やIT技術の利用能力の世代差を連想させてしまうので，経済学では取引の両当事者の持つ情報が均等すなわち左右対称でないという広い意味で「非対称性」というのである。

情報の非対称性は，その情報を持たない者に不利な結果をもたらす。その結果は個人的損失にとどまらず，経済社会全体の観点からも望ましくない帰結を引き起こしがちである。財務会計に関していえば，企業ないし企業経営者と，その企業をめぐる利害関係者の間に生じがちな情報の非対称性が問題になる。そして本章で後述するように，会社法や金融商品取引法が求める財務報告の制度は，そのような情報の非対称性に起因して生じるおそれのある経済的損失の回避を意図したものであると考えることができる。

情報の非対称性による経済的損失は，情報を持たない者が，情報からの効用を得られないことから生じる。そのような情報がもたらす効用には，(1)何らかの行動や意思決定を行う前の段階で情報を利用することにより，より良い意思決定を通じて有利な結果が得られるという効用と，(2)所定の行動や取引を行った後で，その結果がどうであったかを知ることから得られる効用がある。

これらの効用は，所定の行動や意思決定を境にして，情報の利用時点がその前か後かで区分されていることから，前者は「**事前情報**（pre-decision information）」として，また後者は「**事後情報**（post-decision information）」として特徴づけることができる。直感的な比喩として大学生の期末試験を考えた場合に，受験しようとする試験科目の模範解答が入手できれば，それは事前情

報として大きな価値をもつ。他方，試験後には自分の解答との突合による得点計算を経て単位取得の確認に役立つ点で，その模範解答は事後情報としての価値も有する。

　企業の財務報告の中心をなす財務諸表にも，事前情報としての役割と，事後情報としての役割がある。本章では，事前情報と事後情報を区別しつつ，企業ないし企業経営者と利害関係者の間に生じがちな情報の非対称性，およびこれに起因する経済的損失に焦点を当てる。そしてそのような経済的損失を回避するために，会社法や金融商品取引法が，財務諸表を利用した財務報告を通じて，財務会計に期待している機能について考察する。

　【図表1－1】は，情報の非対称性や事前情報と事後情報などをキーワードとして，日本の制度会計の体系を理解するために，本章で展開する基礎概念を整理したものである。

【図表1－1】　情報の非対称性からみた財務会計の機能

	事　前　情　報	事　後　情　報
財務会計に期待される機能	情報提供機能（意思決定支援機能）	利害調整機能（契約支援機能）
非対称な情報の内容	取引対象の品質に関する情報	取引相手の行動に関する情報
非対称性がもたらす問題	逆選択（通常は良いものが選択されて生き残るが……）	モラルハザード（経営者は自己利益を優先しがちである）
問題の解決策	強制的な情報開示 自主的な開示の許容	インセンティブ（報酬）システム モニタリング（監視）活動 ボンディング（自主規制）活動
財務会計の機能を利用した制度	金融商品取引法の企業内容開示制度	株主総会に先立つ財務報告 配当制限や財務制限条項 確定決算に基づく納税申告 金融機関の自己資本比率規制 証券取引所の上場規制　ほか

3　事前情報の役割に期待する金融商品取引法

　今日最も繁栄した企業形態である株式会社にあって，企業経営者と対置する形でしばしば重要視される利害関係者は，主として株主と債権者であり，また規制や徴税を行う政府も重要な利害関係者に位置づけられる。利害関係者として株主や債権者が重視されるのは，企業が生存と成長のために必要とする多額の資金の提供者であることによる。これらの資金提供者は，既存か潜在的かにかかわらず，一括して投資者とよばれるが，投資者にとって財務諸表が伝達する情報は，証券市場を成立させるための事前情報として，重要な役割を担っている。この役割を利用しているのが，金融商品取引法の企業内容開示制度（ディスクロージャー制度）である。

　企業から投資者への財務情報の提供が不十分であると，証券市場が成立しなくなることは，2001年にノーベル経済学賞を受賞したアカロフによる「レモンの市場」と題した論文（G. A. Akerlof, "The Market for 'Lemons'：Quality Uncertainty and the Market Mechanism," *Quarterly Journal of Ecomonics*, August 1970）で証明されている。ここにレモンとは，同じ柑橘類のオレンジと外見的に似てはいても甘くない点で，品質上の欠陥品を意味する。そして取引対象物の品質に関して，取引当事者間に「情報の非対称性」があるとき，それを解消するための積極的な情報提供がなければ，その市場はやがて崩壊してしまうことが，欠陥中古車の例を用いて次のように説明される。

　中古車取引の重要な問題は，一部に欠陥車が含まれており，所有者たる売手は自分の中古車の品質の良否を知っているが，買手は欠陥情報を持たないことである。したがって売手が高品質の中古車を売りに出しても，買手は欠陥車である可能性を疑うから，その危険を織り込んだ安い値段しか提示しない。このため高品質の中古車の持ち主は市場に車を売りに出さなくなり，やがて市場には欠陥車ばかりが出回るから，買手がつかなくなって，その市場は崩壊するのである。

　市場競争では，品質の優れた物が選好されて生き残るのが通常である。しか

し中古車取引では欠陥品が市場で生き残るという，通常とは逆の結果が生じていることからから，この現象は「**逆選択**(adverse selection)」とよばれる。これと同じことが，企業が資金調達のために販売する有価証券の発行市場でも生じる可能性がある。

　有価証券は電子記録であるから，外見上はどれが欠陥品であるか，買手には識別できない。したがって売手の企業が買手の投資者に対して，有価証券の品質すなわち発行企業の収益力や安全性について十分な情報を提供しない限り，中古車の場合と同様に，市場が成立しないのである。

　企業の財務情報を投資者に提供することにより，投資家保護を通じて証券市場を成立させるために，財務会計が果たすこの役割は「**情報提供機能**」とよばれる。また財務情報の提供は証券売買に関する投資者の意思決定を促進することから，「**意思決定支援機能**」と名づけることもできる。日本でこの機能を積極的に取り入れているのは，前述のとおり金融商品取引法のディスクロージャー制度であり，有価証券の発行市場で所定の資金調達を行う場合に必要とされる有価証券届出書や，上場会社等が流通市場で定期的に公開すべき有価証券報告書などでは，財務諸表が重要なウェイトを占めている。

　金融商品取引法による財務報告制度に関しては，次の2点を付記しておきたい。第1に，この制度の目的としてしばしば投資者保護が強調されるが，これは弱者保護にとどまるものではなく，究極の目的は証券市場の機能強化にある。自己が弱者で不利だと感じた投資者が，損をしないために市場から遠ざかれば，市場参加者の減少によって証券市場は機能不全に陥るであろう。第2に，証券投資を行わなくても，また上場会社の利害関係者でなくても，すべての人々がこの制度の恩恵を受けている。たとえば20歳以上の日本国民が納付する公的年金の保険料は，年金積立金としてプールされ，その多くが上場会社の有価証券にも投資され，年金の支給財源として増殖が図られている。財務諸表の公開制度を通じた証券市場の活性化は，年金制度の維持にも不可欠である。

4　事後情報として活用する会社法と法人税法

　金融商品取引法が財務諸表を投資者の意思決定のための事前情報として位置づけるのに対し，会社法は財務諸表が事後情報として有する利害調整機能を活用している。

　株式会社という企業形態の繁栄の源泉は，資金調達上の有利性，すなわち(1)会社の所有権を株式として均等に細分割する方法で，多人数からの零細資金を集結し，また(2)出資者の責任が出資額を上限とする有限責任であることが，出資者に安心感をもたらして，巨額の資本形成が促進できたことにある。

　しかし株主数の増加は所有と経営の分離を引き起こし，経営者が株主の利益よりも自己の利益を優先するかもしれない懸念を，一般株主に抱かせるようになった。また出資者の有限責任制度は，会社財産の過大な分配によって，債権者の権利が害されるかもしれないという懸念を生じさせた。

　もちろん，株主や債権者から資金を受託した経営者は，委託者たる株主や債権者の利益を最優先して企業経営に当たるべき受託責任を負っている。しかし，株主や債権者が経営者の日常業務の遂行状況を十分に知ることができないという意味で，そこには「情報の非対称性」が存在する。この結果，経営者が委託者よりも自己の利益を優先するかもしれないという**モラルハザード**（道徳的陥穽：moral hazard）」の疑念が生じてくるのである。

　そのようなモラルハザードの解消方法として有効と考えられているのは，(1)会社の利益業績を反映して経営者の報酬が決まるような**インセンティブ（報酬）システム**の導入，(2)株主が経営者の行動や利益業績を評価して経営者の人事を決定する**モニタリング（監視）活動**，および(3)剰余金の配当や新規の資金調達を，資本額や財務比率を維持したうえでの金額に限定する制約をみずからに課すような**ボンディング（自主規制）活動**である。

　これらの解消方法は，利害関係者集団との私的な契約に含まれたり，社会的に重要なものは会社法上の公的な規制の対象になっている。たとえば(1)経営者の業績連動報酬の制度はもとより，役員賞与を株主総会の決議を経て決める現

行制度も，インセンティブシステムの一例である。また(2)株主総会に先だって送付される計算書類に基づく経営者の業績評価をふまえて，株主が役員人事案に賛否の投票を行う仕組は，典型的なモニタリング活動であるといえる。さらには(3)会社法461条の配当制限は，債権者に対する経営者の私的なボンディング活動が，その効力を強化するために法的規制に組み込まれた社会的契約であると考えられる。他方，社債発行時に会社が締結する債務契約では，維持すべき留保利益額の下限や負債比率の上限などが財務制限条項として明示され，違反時には社債の即時償還などが約束されている。

　これらの契約や規制に共通するのは，前もって決められた財務諸表上の所定の数値が組み込まれていて，定期的に公表される財務諸表に基づいて，契約や規制が遵守されたか否かが事後的に確認されていることである。経営者が株主や債権者との間で利害調整のための契約を締結しても，その遵守を事後的に確認できなければ，契約しても無意味である。しかし実績財務諸表の数値によって確認ができれば，私的ないし社会的な契約を通じた利害調整は，大きく促進されるであろう。財務諸表が事後情報として有するこの役割は，契約を有意義なものにすることから「**契約支援機能**」とよばれたり，それによって利害対立の解消に役立つことから「**利害調整機能**」と名づけられている。

　確定決算に基づく税務申告の制度も，財務諸表が有する契約支援機能ないし利害調整機能を活用していると考えてよい。法人税法は，株主総会で確定された当期純利益から，税法上の「別段の定め」による調整を経て課税所得を算定する「確定決算基準」を採用することにより，財務会計を組み込んだ徴税制度を構築している。この制度は，課税当局と納税企業の間に存在する「情報の非対称性」に起因して生じるかもしれない脱税というモラルハザードを抑制するために，財務諸表を事後情報として活用していると解釈できる。

　脱税のモラルハザードを抑制するには，課税当局は納税企業をモニタリングしなければならないが，公正妥当な会計基準に準拠して作成された（大会社では公認会計士の監査も受けた）財務諸表の利益額を基礎に課税所得を算定する仕組をとれば，課税当局はモニタリング・コストの大幅な節約が可能になる。

またこの仕組には，モラルハザードの発生自体を抑制する効果も期待できる。過度な節税のために財務諸表の当期純利益を極端に圧縮すれば，経営者の業績評価や上場会社の株価形成に悪影響が及ぶおそれがあるからである。
　このほか，国際決済銀行に関する自己資本比率の規制（いわゆるBIS規制）や，証券取引所の上場認可と上場廃止の基準にも，実績財務諸表のデータが活用されているが，これらもまた財務諸表が事後情報として有する契約支援機能ないし利害調整機能を活用したものである。

5　トライアングル体制のメリットと課題

　20世紀後半の日本の会計制度の歴史の大きな焦点は，商法（現行の会社法は2005年に商法から分離して制定された）と証券取引法（現行の金融商品取引法は2006年に証券取引法から名称変更された）を一元化する改革であった。商法は1899年に制定され，経営者と株主と債権者の間の利害調整機能を担うために，会社の純資産価値の確定と維持を重視していた。他方，証券取引法は1948年に制定され，企業会計原則と財務諸表準則を指針として，会社の収益力の評価に役立つ財務諸表の公開を中心とした情報提供機能を重視した。
　これら2つの制度の一元化は，証券取引法の会計士監査を商法に取り入れるために，証券取引法のもとにある企業会計原則の考え方を，商法に反映させる試みであった。このため商法と企業会計原則の両方ともに改正を重ねて調整が進められ，また商法を管轄する法務省と証券取引法を管轄する当時の大蔵省が1998年に合同で作成した「商法と企業会計の調整に関する研究会報告書」も統合を推進した。
　商法と証券取引法の会計制度の一元化は，2005年に新設された会社法が，会社の計算は企業会計の慣行に従う（従来は斟酌するだけ）とした明示規定によって完成された。「株式会社の会計は，一般に公正妥当と認められる企業会計の慣行に従うものとする」という会社法431条の規定がそれである。もちろん両者は完全には一致しない場合もあるが，会社法のいう企業会計の慣行の中心部分を占めるのは，金融商品取引法のもとにある会計基準である。

このようにして達成された統合は，少なくとも次のようなメリットをもたらしていると考えられる。その第1は，上場会社等だけでなく会社法上の大会社にも会計士監査を拡大することにより，これらの企業の財務諸表の信頼性を飛躍的に向上させたことである。第2に，会社法みずからは債権者保護のための配当規制や，経営者に対する株主のモニタリング活動を可能にする計算書類の開示規制に専念しつつ，会計基準の開発コストや会計士監査のコストを，金融商品取引法の制度にフリーライドすることによって，株式会社制度を規律づけるガバナンスのためのコストが節約できている。

　他方，法人税法もまた，確定決算に基づく税務申告制度から，納税企業のモラルハザードの抑制と，課税当局のモニタリング・コストの節約のメリットを得ていることは前述のとおりである。もちろんこれらの法律の目的は異なるが，法人税法の側は「別段の定め」を置くことにより，また会計基準の側は税効果会計を導入することにより，両立のための巧みな工夫が行われている。

　しかしそのような統合の試みは，複数の会計制度を無関係に並存させた場合に必要となるコストを大きく節約する一方で，社会的な合意を形成すべき重要な課題を提起した。主として金融商品取引法が期待するような情報提供機能を発揮する財務報告の内容やその作成のための会計処理と表示の基準と，会社法などが期待する利害調整機能の遂行に役立つ財務報告書の内容や会計基準の間で，差異が存在した場合に，どちらをどの程度まで優先すべきかという問題がそれである。

　たとえば投資意思決定の中心をなす企業価値評価には，企業業績の将来予測が不可欠であることを考えれば，これに最も精通しているであろう経営者が想定している将来に関する予測データを，財務諸表の作成過程に積極的に反映させるような会計処理が望まれるかもしれない。しかし経営者は，調整されるべき利害関係の一角を占めるがゆえに，将来の予測を意図的に歪めて濫用する危険がある。したがって財務諸表に利害調整機能を果たさせるには，経営者の将来予測にはできるだけ依存せず，誰にとっても異論の余地がない確定した過去の事実を反映するような会計処理が重要になるであろう。

財務諸表を作成するための会計処理や表示の基準の中で，情報提供機能と利害調整機能のいずれをどの程度まで優先させるかは，財務諸表を作成する企業の特性や経済環境によって異なる。しかし経済発展を遂げた先進国で，経済的な影響力が大きい大規模企業に関しては，利害調整機能を大きく阻害しない限り，情報提供機能を優先させるのが世界的な潮流である。日本でもその旨が，企業会計基準委員会によって討議資料として公表されている「財務会計の概念フレームワーク」の第１章12項で，次のように明示されている。

　「会計基準の設定にあたり最も重視されるべきは，本章第２項に記述されている目的（投資家の意思決定に資するディスクロージャー制度の一環として，投資のポジションとその成果を測定して開示すること：筆者注）の達成である。しかし（中略：筆者），それが公的規制や私的契約等を通じた利害関係に及ぼす影響も，同時に考慮の対象となる。そうした副次的な利用との関係も検討しながら，財務報告の目的の達成が図られる」。

　次章では，財務報告目的の優先性の判断も含めて，財務会計の概念フレームワークを取り上げ，その必要性や内容について考察する。

第2章 概念フレームワーク

1 会計基準の必要性とその形成アプローチ

　会社法や金融商品取引法に基づく財務諸表の内容を規定しているのは会計基準である。会計基準は，①企業が適正な財務諸表を作成するために遵守すべきルールを示し，②利害関係者による財務諸表への理解を促進し，③監査人が財務諸表の適正性を判断する拠り所となるなど，財務会計がその機能を十分に発揮するために不可欠な社会的規範となっている。

　そのような会計基準を設定するアプローチには，帰納的なアプローチと演繹的なアプローチがある。ここに**帰納的アプローチ**とは，実際に行われている会計処理の諸方法を観察し，その中からベスト・プラクティスと考えられる方法や，よりいっそう一般的であると認められる方法を抽出することによって，会計基準を設定するアプローチである。

　日本の企業会計原則は，その前文でも次のように述べられているように，「企業会計の実務の中に慣習として発達したものの中から，一般に公正妥当と認められるところを要約したもの」であるから，帰納的アプローチによって形成された会計基準である。世界の多くの国々の会計基準もまた，従来はこのアプローチによって形成されてきた。

　帰納的アプローチによる会計基準は，そこで規定される会計処理が既に実務で広く普及した一般的な方法であるため，遵守されやすいルールであるという長所を持つ一方で，欠点も多い。

　まず第1に，現行実務で一般的な会計処理を抽出するがゆえに，現状是認的なルールが形成されやすく，たとえ現行実務に問題があっても，それを是正するような会計基準は形成されにくい。第2に，実務ですでに複数の会計処理方法が普及していれば，それらが並列的に是認されがちであり，標準化は困難で

ある。第3に，過去に存在しなかった新種の取引や事象に対しては，いまだ会計処理の慣行が成熟していないから，対応できない。

第4に，個々の会計基準の全体的な整合性や首尾一貫性が確保される保証がないことも問題である。実務上の必要に応じて個別的に形成された会計基準は，相互に矛盾を来すおそれがある。とくに，関係者の間で利害対立が存在するようなテーマについて，業界団体からの圧力の介入を，説得力のある論拠を提示して阻止することができなければ，形成された会計基準は整合性や首尾一貫性を失いやすい。

このような帰納的アプローチの欠点を補うには，個々の会計基準を論理的に体系づけることが不可欠であり，その必要性から生まれてきたのが演繹的アプローチである。ここに**演繹的アプローチ**とは，財務会計の前提となる目的や基礎概念を先に規定し，これと最もうまく首尾一貫するように，個々のテーマごとの会計処理や表示のルールを導き出してくる方法をいう。このアプローチを実践するために，個々の会計基準を設定するための指針ないし枠組み（フレームワーク）として役立てる目的で，世界の主要国で取りまとめられているのが，財務会計の基礎概念を文書化した**概念フレームワーク**である。

2　概念フレームワークの役割と構成

そのような概念フレームワークの文書化に，世界に先駆けて着手したアメリカの財務会計基準審議会（FASB）は，財務報告の目的に関する1978年の概念書（Concepts Statement）第1号を皮切りとして，現時点で第8号までの文書を公表している。

国際会計基準審議会（IASB）も，前身組織の国際会計基準委員会（IASC）が1989年に公表した文書を継承したうえで，2010年に改訂を加えたものを「財務諸表の作成及び表示に関するフレームワーク」として公表した。この間にFASBとIASBは2004年～2012年にわたり，概念フレームワークの共通化を目指した共同の見直しプロジェクトを遂行したが，現在では別個に改訂が進められている。IASBの概念フレームワークの最新版は2018年に改訂されたもので

ある。

　この世界的な動向に対応して、日本でも企業会計基準委員会（ASBJ）によって2004年に「**財務会計の概念フレームワーク**」と題する討議資料が公表され、2006年の部分的な改訂を経たものが、現在も啓蒙的な文書として継承されている。この結果、現在ではFASB、IASB、およびASBJによる3つが世界の主要な概念フレームワークとなっている。

　概念フレームワークの最も重要な目的は、前述のとおり、個々の会計基準を設定するための指針として役立てることであるが、この点も含めて概念フレームワークの明示には次のような効用がある。その第1は、現在の財務会計の基礎にある前提や概念の要約と整理を通じて、これまで無意識ないし暗黙のうちに受け入れられてきた社会的な合意や価値観を、改めて確認できることである。本章の第5節で後述するとおり、この点に関し企業会計をめぐって日本で強く成立している社会的な合意事項の1つは、企業業績の評価尺度として当期純利益を重視する考え方である。

　第2の効用は、財務会計の前提となる目的や基礎概念を先に提示して、個々のテーマごとの会計処理や表示のルールを導き出すための指針とすることにより、個別的に形成される会計基準の全体的な整合性や首尾一貫性が確保されることである。これこそが、演繹的アプローチによって会計基準を形成するために、概念フレームワークが果たすべき最も重要な役割であるといえる。

　しかし、それにもかかわらず、概念フレームワークが会計基準の形成を、一方的かつ完璧に先導したり制約すると考えるのは正しくない。経済環境の変化や新種の取引への対応のために新規に制定する会計基準を、従来の概念フレームワークの枠内に押しとどめておくのが最善であるとは限らないことがあるからである。その場合には、個々の会計基準の方が逆に基礎概念の体系に影響を及ぼして、概念フレームワークを変化させるようなプロセスも想定される。

　第3に、会計基準の国際的な統合が推進されつつある現状に鑑みて、国際的なコミュニケーションの手段として役立つことも、概念フレームワークの効用である。日本の会計基準は、会計ビッグバンや国際的コンバージェンスを経て、

米国会計基準や国際会計基準との調整が推進されてきたが，譲れない対立点も存続している。そのような相違点は「修正国際基準」で最も鮮明に示されているが，概念フレームワークも，日本で財務会計の前提として考えられている目的や基礎概念まで遡って，対立の原因を明らかにしたり，日本基準の正当性を説得力をもって対外的に説明するのに役立つであろう。

　その意図は討議資料の構成にも見られる。日本の討議資料は，先行して公表された外国の概念フレームワークを参照して，①財務報告の目的，②会計情報の質的特性，③財務諸表の構成要素，および④財務諸表における認識と測定と題する4つの章から構成され，その内容も外国のそれと多くで共通する。その中で，若干の譲れない対立点が浮き彫りになるよう工夫されている。本章の以下の各節では，外国の概念フレームワークとの共通点と日本の特徴の両方に留意しつつ，各章の内容を概説する。

3　財務報告の目的

　日本の概念フレームワークの第1章では，その序文の中で，財務報告の目的が「投資家による企業成果の予測と企業価値の評価に役立つような，企業の財務情報の開示にある」とされ，この目的に基づき「自己の責任で将来を予測し投資の判断をする人々のために，企業の投資のポジションとその成果が開示される」ことが明示されている。

　本書の第1章では，財務会計に期待される機能として，情報提供機能（意思決定支援機能ともよばれる）と利害調整機能（契約支援機能ともよばれる）があることを論じた。このうち概念フレームワークは，**情報提供機能**を財務報告の主要目的として位置づけていることが明らかである。利害調整機能よりも情報提供機能を優先的に位置づけている点で，日本の概念フレームワークは米国基準や国際基準の概念フレームワークと相違はなく，世界の主要な概念フレームワークが会計の目的観を共有できていることは，会計基準の国際的な統合にとって非常に有意義である。

　しかし財務会計に期待されるもう1つの機能として，**利害調整機能**がまった

く無視されているわけではない。日本の概念フレームワークでは，「ディスクロージャー制度において開示される会計情報は，企業関係者の間の私的契約等を通じた利害調整にも副次的に利用されている。また，会計情報は不特定多数を対象とするいくつかの関連諸法規や政府等の規制においても副次的に利用されている」(11項) として，利害調整機能への言及が見られる。しかし利害調整のための利用はあくまで副次的な用途であり，この用途が「会計基準を設定・改廃する際の制約となる」(12項) ことがあっても，情報提供機能と「必ずしも同様の配慮が求められるわけではない」(21項)。

したがって情報提供機能を促進する会計処理と，利害調整機能に必要な会計処理の間で対立が生じた場合には，利害調整機能を犠牲にしてでも情報提供機能が優先されることになる。その典型的な実例が，企業会計基準第24号「会計上の変更及び誤謬の訂正に関する会計基準」が規定する過年度の財務諸表の**遡及処理**に見られる。たとえば正当な理由により，従来とは異なる会計処理方法を当期から採用する（すなわち会計方針を変更する）場合，当期の財務諸表と並べて報告される過年度の財務諸表も，当期から新しく採用したのと同じ方法を適用して修正したうえで，提示しなければならない。こうすることにより当期と過年度の財務諸表が直接的に比較可能になり，期間相互の有意義な業績比較を通じて，財務会計の情報提供機能が促進されるよう期待されている。

しかし遡及修正前の過去に公表済の財務諸表は，その年度の配当制限の遵守の確認に用いられ，また課税所得計算の出発点とされるなど，それに基づいた過去の利害調整の基礎とされてきた。そのような財務諸表を事後的に修正すれば，過年度の利害調整の基盤が揺らぎ，過去に完結したはずの利害調整への疑問が生じかねないことが懸念される。

そこでこの懸念を除去するため，会社計算規則は，過年度の財務諸表の遡及処理を許容する明示規定を設けている（133条3項）。また企業会計基準委員会の「過年度遡及修正に関する論点の整理」では，「過年度事項の修正は，過去に確定した決算手続とは無関係であり，これによって過去に確定した計算書類が変更されるものではない」との会社法上の解釈が示されている（16項, 注3）。

過年度の財務諸表の遡及処理は、これらの規定と解釈によって可能になっているが、その根底には利害調整機能よりも情報提供機能を優先させる社会的な合意が存在するものと考えられる。

4　会計情報の質的特性

　財務報告の目的に続いて、日本の概念フレームワークは第2章で、この目的を達成するために会計情報が備えるべき質的な特性を論じている。情報提供機能の達成のために最も重要な特性とされるのは、**意思決定有用性**（decision usefulness）である。そして意思決定有用性は、「意思決定との関連性」および「信頼性」という2つの特性と、それより更に下位に位置づけられる諸特性によって支えられているとして、会計情報が具備すべき諸特性が、【図表2－1】に示すような関係として体系づけられている。

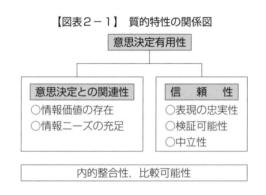

【図表2－1】　質的特性の関係図

　これらの質的特性に関しては、少なくとも次の3つの重要な論点がある。第1は、企業会計原則が一般原則の冒頭で真実性の原則を掲げて、財務報告の真実性を最重要視してきたのに対し、概念フレームワークでは意思決定有用性を中心として論理が構成されている点である。これは財務報告の目的を、投資意思決定のための証券市場への情報提供としたことの必然的な帰結であり、米国会計基準や国際会計基準を基礎づける概念フレームワークとも共通している。
　第2に、意思決定有用性を支持する2特性として、意思決定との関連性と信

頼性が対置されている点が注目される。**意思決定との関連性**とは，会計情報が投資のもたらす将来の成果の予測に関連する内容を含んでおり，投資者が企業価値の推定に基づいて行う意思決定に対して，積極的な影響を与えて貢献することを意味する。米国基準や国際基準の概念フレームワークは，この特性を目的適合性（relevance）と名づけているが，その意味するところは意思決定との関連性と同じである。

他方，**信頼性**とは，会計情報が表現の忠実性（形式よりも経済的実体の優先を通じて事実と情報が明確な対応関係を有すること），検証可能性（見積りに起因する測定値のバラツキやノイズを小さくして独立的な検証を可能にすること），中立性（利害関係者間で有利不利が生じるような偏りがないこと）などに支えられて，信頼するに足るものであることを意味する。信頼できない情報は利用されないであろうことを考えれば，信頼性もまた意思決定有用性を支える重要な質的特性である。

ここで重要な問題として，意思決定との関連性と信頼性の間には，しばしば対立関係が生じやすいことに注意を要する。将来の年度に関する利益予測情報を考えれば明らかなように，投資者が求める意思決定との関連性が高い情報は，信頼性が低い場合が多い。このようにして日本の概念フレームワークには，投資者の情報ニーズを満たそうと意気込むあまり，将来に関する主観的な予測に過度に依存するような不確実性の非常に高い見積額が会計情報として提供されないようにする歯止めが組み込まれている。

米国基準と国際基準の概念フレームワークも，かつては日本と同様に，信頼性を目的適合性と対置していたが，前述の共同プロジェクトの結果として，信頼性が放棄され「忠実な表現」に取って代わられた。この改訂の真意は明示されていない。しかし資産や負債の価値を忠実に表現する尺度が，原価ではなく時価であることを考えれば，米国基準と国際基準が時価評価の適用対象範囲を拡大するための根拠として利用しようという意図が込められていると解釈する見解が多い。

日本の概念フレームワークの第3の特徴は，会計情報が有用であるために必

要とされる最低限の基礎的条件ないし一般的制約として，**内的整合性**（ある会計情報が，既存の会計情報や会計基準ならびにそれを支える基本的な考え方と矛盾しないこと）を提示することである。新規に提供されようとする情報が有用であるためには，すでに有用性が確認されている会計情報やそれを生み出している会計基準との間で，論理的な整合性を保持していることが前提とされている。

5　財務諸表の構成要素

　日本の概念フレームワークの第3章は，財務報告が対象とすべき項目を明確にするために，財務諸表の構成要素として8個を特定したうえで定義を与えている。これらの定義は，財務諸表に表示すべき項目を網羅的に包摂するとともに，不適格な項目を排除するのにも役立つ。【図表2－2】は，概念フレームワークが特定する8個の構成要素と，それぞれの定義を示したものである。図表の定義は，連結会計基準の改正により非支配株主に帰属する損益も当期純利益に含められるようになったことなどに対応して，筆者が必要な更新を行ったり加工するなどして，修正を加えている。

【図表2－2】　財務諸表の構成要素とその定義

資　　産	過去の取引または事象の結果として，報告主体が支配している経済的資源
負　　債	過去の取引または事象の結果として，報告主体が支配している経済的資源を放棄もしくは引き渡す義務，またはその同等物
純 資 産	資産と負債の差額
株主資本	純資産のうち報告主体の所有者である株主に帰属する部分
包括利益	特定期間における純資産の変動額（資本取引による部分を除く）
純 利 益	特定期間の期末までに生じた純資産の変動額のうち，その期間中にリスクから解放された投資の成果であって，報告主体の所有者に属する部分
収　　益	純利益を増加させる項目であり，特定期間の期末までに生じた資産の増加や負債の減少に見合う額のうち，投資のリスクから解放された部分
費　　用	純利益を減少させる項目であり，特定期間の期末までに生じた資産の減少や負債の増加に見合う額のうち，投資のリスクから解放された部分

【図表２−２】が示す財務諸表の構成要素とその定義については，少なくとも次の３つの重要な論点がある。その第１は，構成要素の定義を満たす項目でも，財務報告の目的にとって不適格なものは，財務諸表での報告対象から排除されるという一般的な制約が課されることである（３項）。排除項目の典型例は自己創設のれんである。自己創設のれんの資産計上は，企業みずからが自社の証券の価値に関する自己判断を示すことを意味しており，財務報告の目的に適合していない。

第２に注目すべきは，８項目が定義される順序が，次のようになっていることである。最初に，資産が経済的資源として定義され，負債は経済的資源の引渡義務であり，両者の差額として純資産が導かれ，純資産の期中変動分（資本取引を除く）が**包括利益**とされる。ここでもし，この包括利益を主要な業績指標として位置づけるのであれば，包括利益を増加・減少させる項目として，収益や費用を定義することも可能であった。

しかし日本の概念フレームワークは，「リスクから解放された投資の成果」および「報告主体の所有者に帰属」という２条件を追加することにより，**純利益**に独立の定義を与えて，これを包括利益から切り出している。そして純利益を増加・減少させる項目を，資産・負債の増減とも関連づけて，収益と費用を定義するとともに，これに対応づけて純資産の中から，報告主体の株主に帰属する部分として，株主資本を切り出している。

この順序とは逆に，もし収益と費用を財務会計の中心概念と考えて先に定義しようとすれば，企業活動による経済的価値の流入および流出というように，はなはだ抽象的な概念を持ち出さざるを得ない。それに比べれば，経済的資源とその引渡義務という資産と負債の定義は直感的にイメージしやすく，これらの概念から出発する財務諸表の構成要素の定義の体系は理解しやすい分だけ，必要項目の網羅と異質項目の排除に有効である。

収益・費用と資産・負債のいずれを会計の中心概念と考えるかについては，これらを収益費用アプローチおよび資産負債アプローチと名づけ，両者を対比して論理を展開する議論がしばしば見られる。もしそれが，いずれの概念を先

に定義するかという順序の問題であれば，日本の概念フレームワークは米国基準や国際基準と同様に**資産負債アプローチ**に立脚していることが明らかである。しかし米国基準と国際基準の概念フレームワークが，資産・負債の概念に直結した包括利益を，純利益と同等かそれ以上に重視する傾向があるのに対し，日本では包括利益も財務諸表の構成要素として認知されてはいるが，構成要素の体系の中では包括利益よりも純利益の概念を尊重する姿勢が強い。これが財務諸表の構成要素に関する日本の概念フレームワークの第3の特徴である。

資産負債アプローチという用語は，会計の基礎概念の定義の順序を超え，収益・費用より資産・負債の情報の方が重要であるという判断に基づき，貸借対照表の充実を主張する根拠として用いられることがある。この問題は第3章で検討する。

6 財務諸表における認識と測定

財務諸表の構成要素の認識と測定については，ありうべき選択肢とそれぞれの意味が，第4章で議論されている。ここでいう**認識**とは，その項目を財務諸表の本体に計上することであり，注記や補足情報としての取扱は含まない。また**測定**とは，財務諸表に計上される諸項目に貨幣額を割り当てることをいう。

ある項目が財務諸表上で認識されるには，(1)財務報告の目的，質的特性，構成要素の定義を満たすだけでなく，(2)その項目に関係する契約が少なくとも部分的にでも履行されており，(3)関連の事象が発生する蓋然性が高いことが要件となる。契約しても双方が未履行であったり，発生の可能性がきわめて乏しければ，認識は行われない。

認識する項目の測定尺度としては，資産に関して①取得原価，②市場価格（時価そのもの，再調達原価，正味実現可能価額），③割引価値，④入金予定額（貸付金など），⑤被投資企業の純資産に基づく額（たとえば持分法の評価額）が示される。また，負債の測定尺度の選択肢は，①支払予定額（借入金など），②現金受入額（前受金など），③割引価値，および④市場価格である。

他方，収益および費用の測定尺度としては，①財やサービスの交換で獲得し

た対価（売上収益など）や相手に引き渡した対価（費用），②市場価格の変動額，③契約の部分的な履行額（継続的役務提供の場合）のほか，④収益については被投資企業の活動成果の持分（持分法による投資利益）が示され，費用については資産の利用による消費額（たとえば減価償却費）が，その選択肢として列挙されている。

このようにして概念フレームワークでは，測定尺度の選択肢が並列的に示されており，測定尺度の間での優劣は議論されていない。財務諸表の個々の構成要素に適用すべき測定尺度の選択は，テーマ別に設定される会計基準の中で規定することが予定されているのである。その中にあって，リスクから解放された投資の成果として定義された純利益の概念と関係づけつつ，資産・負債の測定尺度について，次の議論を展開するための伏線が，「結論の根拠と背景説明」で準備されていることが注目される。

企業が有する資産・負債は，その投資目的に基づいて，(1)生産・販売などの事業からキャッシュフローを回収して投資の成果を獲得することを意図するものと，(2)時価変動を利用した売買の差額として成果を得ること期待するものに大別できる。金融商品に代表される後者(2)の項目については，時価で測定した時価変動分が，すでにリスクから解放された投資の成果であるから，時価評価が適する。しかし原材料や生産設備に代表されるような前者(1)の項目について，投資のリスクからの解放が生じるのは，事業投資のプロジェクトから分離された売上債権等の独立した資産が獲得される時点であるから，投資の成果が確定するまでは取得原価で評価し，時価の変動は純利益として認識しないという取扱がそれである。資産・負債のこのような評価基準については，第４章で考察する。

第3章 資産負債アプローチ

1　2つの会計観

　財務会計の概念フレームワークは，財務諸表の目的や基礎的な概念を明示したうえで，論理的に整合していて説得力のある一連の会計基準を演繹的に導き出すために，会計の基礎概念を文書化したものであるが，その形成過程で次のような根本的な問題を改めて提示した。収益および費用と，資産および負債のいずれが，財務会計のよりいっそう基本的な中心概念であるかという問題がそれである。

　収益と費用こそが，利益測定という会計の最重要機能の遂行を可能にするための，よりいっそう基本的な概念であるとする見解は，収益費用中心観（revenue and expense view）とか**収益費用アプローチ**とよばれる。これに対し，資産と負債こそが財務会計のよりいっそう根本的で中心となるべき基礎概念であるとする見解は，資産負債中心観（asset and liability view）とか**資産負債アプローチ**と名づけられている。

　この問題を最初に提示した公式的な文献は，アメリカの会計基準の設定団体である財務会計基準審議会（FASB）が，概念フレームワークの文書化を推進する過程で1978年に公表した討議資料である。その討議資料は「財務会計と財務報告のための概念フレームワークに関する問題の分析：財務諸表の要素とその測定（*An Analysis of Issues Related to Conceptual Framework for Financial Accounting and Reporting : Elements of Financial Statements and Their Measurement*）」（津守常弘監訳『FASB財務会計の概念フレームワーク』中央経済社，1997年）と題されている。この討議資料は最終的にアメリカの概念書第5号「営利企業の財務諸表における認識及び測定」および第6号「財務諸表の構成要素」として結実することになるが，その過程で国際会計基準にも日本

基準にも多大な影響を及ぼし,財務会計の考え方に顕著な変化をもたらした。

その変化を主導してきたのが資産負債アプローチである。本章ではこのアプローチを伝統的な収益費用アプローチと対比しつつ,この変化が財務会計にもたらしてきた影響を概説する。

2 収益費用アプローチ

本書の読者のうち年齢が高い層ほど,収益と費用こそが財務会計の基本的な中心概念であるとみる収益費用アプローチに対して,よりいっそうの親近感をもつ人の割合が高いものと思われる。なぜならば1949年に公表され,その後の日本で長らく財務会計の考え方を先導してきた企業会計原則は,まさにこの収益費用アプローチに立脚した会計基準であるからである。

そのような収益費用アプローチのもとでは,利益は,企業が経済活動の遂行によって実現した収益と,それを達成するための努力に起因して発生した費用を,財貨の動きや生じた期間に基づいて,対応づけた差額として算定される。換言すれば,収益は企業活動によって流入した経済的価値として,また費用はその過程で流出した経済的価値として定義することができ,企業活動の成果とそれを得るための犠牲の対応づけが,このアプローチによる利益測定の基礎として,中心的な役割を果たしていることがわかる。

収益の額を測定する基礎となるのは,取引の対価として企業に流入するキャッシュ・インフローであり,費用の額を測定する基礎となるのは,取引の対価として企業から流出するキャッシュ・アウトフローである。実現した収益および発生した費用を認識する時点は,現金収支の時点とは無関係であるが,収益と費用の金額は,過去・現在・将来の現金収支と結びつけられている。この結果,過去・現在・将来の現金収支と関連づけて把握された取引額のうち,当期に収益や費用として認識されなかった繰延額や見越額が,貸借対照表に収録されることになる。

ここで重要なことは,資産や負債の概念が先に存在していて,それに合致するものが貸借対照表に計上されるのではなく,取引額のうち成果と努力の対応

づけから除外されたものが，貸借対照表に収容される点である。したがって貸借対照表の借方に収録される項目でも，経済的資源に該当しないものが存在し，他方では，経済的資源の引渡義務ではないものが，貸借対照表に負債として計上されることになる。

　また，収益費用アプローチの理念を遂行しようとして，企業活動における成果と努力の対応づけが強調されればされるほど，収益および費用として認識される項目の範囲は，企業が意図して取引を実施した結果として，毎期継続的に反復して生じるものに限定される傾向が強くなる点にも留意する必要がある。その典型例は，1964年の改正以前に企業会計原則が規定していた損益計算書の様式である。当時の損益計算書は，現行の損益計算書の経常利益を算定するまでの部分をもって完結し，この利益を当期業績主義による利益尺度として位置づけるとともに，特別損益項目や税金費用は剰余金計算書と名づけられた別の書面に収容して，利益剰余金の期末残高が算定されていた。

　経常利益は，現行の日本の損益計算書においても算定表示されているが，米国基準や国際基準の損益計算書には経常利益の区分は存在しない。日本の経常利益は，長らく採用されてきた収益費用アプローチの名残であり，企業の財務業績を報道する新聞記事でもしばしば言及される業績尺度として，実務界に定着している。企業の利益業績に基づいて企業価値の評価を試みるモデルでは，遠い将来まで見据えた利益予測データが必要になるが，毎期継続的に反復して生じる収益と費用から算出される経常利益は，将来期間の利益を予測するための出発点として役立つ。また，毎期同額の利益が永続することを前提とした企業価値評価モデルにおける恒久利益（permanent income）の概念にも通じるものがある。

　ただし長期的な視点に立って，企業の経常的で正常な収益力を計測し表示するためには，臨時的で偶発的な事象の影響について，複数の期間にわたる配分計算を通じた平準化が必要になることも多い。しかしそのような平準化のための会計処理は，経済的資源やその引渡義務には該当しない項目を，過渡的ではあっても貸借対照表に資産・負債として計上してしまうという，前述の弊害を

引き起こすことが多い。

3　資産負債アプローチ

　収益費用アプローチのもとでは，実現した収益と発生した費用の対応づけを通じて，利益が測定されると考えられているのに対し，資産負債アプローチのもとでは，資産と負債こそが会計の中心概念であり，両者の差額たる純資産額の増殖分として，利益が測定されると考えることになる。

　前述のアメリカの1978年の討議資料が提示したこれら2通りの考え方のうち，FASBが実際に選択したのは資産負債アプローチである。この選択がその後の世界中の財務会計と会計基準に多大なる影響を及ぼすことになるが，その具体的な影響を考察するに先立って，まずは前述の討議資料が想定する資産負債アプローチの考え方を概観しておこう。

　資産負債アプローチでは，財務会計のよりいっそう根本的で中心となるべき基礎概念は，収益と費用ではなく資産と負債であるとされる。そして資産は経済的資源（将来の経済的便益）であり，負債は経済的資源の引渡義務（将来の経済的資源の流出）として定義される。他方，収益費用アプローチのもとでは，収益と費用が，企業活動の成果と努力とか，経済的価値の流入と流出として定義されるが，この定義の抽象度は非常に高い。それに比べれば，経済的資源という概念に関連づけた資産と負債の定義は，観察や経験に照らして具体的かつ厳密に理解することが相対的に容易である。この概念的な明確さこそが，資産負債アプローチが支持されるようになった主たる原因である。

　前述のとおり，収益費用アプローチのもとでは，過去・現在・将来の現金収支と関連づけて把握された取引額のうち，当期に収益や費用として認識されなかった繰延額や見越額が，貸借対照表に収録される。また長期的な視点で企業の経常的で正常な収益力を計測し表示するための平準化の会計処理からも，過渡的に貸借対照表に計上される項目が生じる。このようにして貸借対照表に資産・負債として計上される項目のうち，経済的資源とその引渡義務としての資産・負債の定義を満たさない項目は，利益計算のために資産・負債として擬制

されたものという意味で,「計算擬制的項目」とよばれる。

　収益費用アプローチがもたらす重要な弊害は,そのような計算擬制的項目が貸借対照表に計上されて,あたかも真正な資産・負債であるかのごとくに取り扱われてしまうことである。この弊害を矯正するには,観察や経験に照らして具体的かつ厳密な判断が相対的に容易な資産と負債を中心概念として定義し,定義に合致しない項目を貸借対照表から排除することが有効である。このようにして資産負債アプローチは,貸借対照表のリアリティを回復するための推進力として作用し,財務諸表を改善するうえで多くの効用をもたらしてきた。

　その第1は,前述のとおり,資産・負債の定義を満たさない計算擬制的項目を貸借対照表から排除することにより,財務諸表に掲載される情報を純化したことである。その代表例として,失敗が確定した研究開発活動に関する支出額はもとより,資産の定義に合致しない研究開発支出の費用処理を挙げることができるであろう。これに対し,伝統的な収益費用アプローチの影響を色濃く反映する「企業会計原則と関係諸法令との調整に関する連続意見書」には,研究開発活動の成功・失敗にかかわらず,支出額を繰延資産に計上して規則償却する会計処理を容認する旨の記述が見られる(連続意見書五・第一・三・へ)。

　他方,負債に関しても類似の動向が生起しつつある。企業会計原則の注解18が修繕引当金を負債の項目として例示しているのに対し,企業会計基準委員会が2009年9月に公表した「引当金に関する論点の整理」は,国際会計基準第37号を引用して,これが負債に該当しない可能性を示唆している。その根拠は,企業が操業の停止や対象設備の廃棄を行う場合には修繕が不必要になるため,修繕の必要性が経済的資源を引き渡すべき義務とまではいえないことである(37項)。このほか,かつては負債とされていた繰延割賦利益や新株予約権および在外子会社にかかる貸方差額の為替換算調整勘定も,現在では負債から排除されて,その性質を反映した区分に収容されるようになっている。

　第2の効用として,従来はオフバランスとして処理されてきた項目でも,それが資産・負債の定義を満たして測定可能な限り,貸借対照表に資産・負債としてオンバランス化されるようになったことが挙げられる。その典型例はファ

イナンス・リース取引に関するリース資産とリース債務の認識や，資産除去債務の負債計上である。

　このようにして資産負債アプローチが財務諸表の改善に果たした役割は大きいが，伝統的な収益費用アプローチのもとで尊重されてきた収益と費用の対応の概念が放棄されたわけではない。達成した収益に対して負担した費用を対応づけた差額として利益を測定するという考え方は，今なお有効かつ必要な概念として承継されている。したがって2つのアプローチは，二者択一的な対立関係にあるのではなく，相互に補完的な機能を果たすものとして解釈する方が有益である。

　さらには，資産負債アプローチが登場する発端となった前述のアメリカの1978年の討議資料が，このアプローチをめぐる無用の誤解や混乱を避けるために，次の2点を強調していることが注目される。それは，(1)資産負債アプローチは，収益・費用の情報よりも資産・負債の情報の方が重要性が高いことを意味するものではないこと，および(2)収益費用アプローチが取得原価主義と結びつき，資産負債アプローチが公正価値会計と結びつくというような必然性がないことである。

　それにもかかわらず，資産負債アプローチに基づく会計基準の設定が行われる過程で，貸借対照表の一部の項目に公正価値（以下では時価という）による評価が導入されたことに起因して，その後の財務会計は新しい展開を示すことになった。資産と負債の評価基準（原価か時価か）および一部の項目に時価評価を導入する必要性や論拠の考察は，第4章で行うこととして，以下では時価評価が導入されたことに起因して，資産負債アプローチに基づく利益測定と財務諸表の体系に生じた変化について解説する。

4　時価評価を含む資産負債アプローチ

　資産負債アプローチのもとでは，収益や費用も，資産や負債の増加・減少と関連づけて定義される。前章でも概説したとおり，日本の概念フレームワークでもこの方針が採用されている。

すなわち収益は，純利益を増加させる項目であり，特定期間の期末までに生じた資産の増加や負債の減少に見合う額のうち，投資のリスクから解放された部分として定義される。たとえば企業会計基準第10号に基づき，売買目的有価証券の時価上昇額は有価証券運用益として純利益の計算に算入する収益として取り扱われる。その理由は，時価の上昇は資産の増加を意味し，随時転売して利益の獲得が可能な点で，すでに金融投資のリスクから解放されているからである。

　他方，費用も，純利益を減少させる項目であり，特定期間の期末までに生じた資産の減少や負債の増加に見合う額のうち，投資のリスクから解放された部分として，資産・負債の増減に関連づけて定義されている。たとえば棚卸資産の時価の下落による損失や固定資産の減損損失は，資産の減少と関連づけることで，よりいっそう的確な純利益の測定が促進される。

　このようにして資産負債の期末評価に時価が導入されたとしても，時価の変動に起因する資産・負債の増減額が，投資のリスクから開放された部分として純利益の計算に含められる限り，利益測定に影響が生じることはない。すなわち資産から負債を除して算定される純資産額の期首から期末への変化分（ただし資本取引に起因する変化額を除く）として定義される資産負債アプローチの純利益は，損益計算書で算定される純利益額と一致する。したがって期首から期末への純資産の変化は，損益計算書の当期純利益が純資産に算入されたことによって，完全に説明されている。この関係は，損益計算書に計上されない項目の混入によって，純資産（なかでもその増殖分としての剰余金）が汚されてはいないという意味で，**クリーン・サープラス**（clean surplus）**関係**とよばれる。

　しかしこの関係が，貸借対照表と損益計算書の間で常に成立するわけではない。クリーン・サープラス関係の成立を妨げる典型的な取引は，上場会社どうしが相互に株式を持ち合いしており，投資有価証券として貸借対照表に計上されたこの株式の時価が変動するケースである。この取引の会計処理がそうであるように，貸借対照表の資産・負債を時価評価したことに伴って生じた仕訳上

の相手勘定である評価差額が，投資のリスクから解放された部分として判定されなければ，これを損益計算書の純利益計算に含めることはできない。したがってこの金額は，貸借平均の原理を維持するために，貸借対照表の純資産の部に計上せざるを得ない。損益計算書を経由することなく，貸借対照表の純資産の部に直接的に計上するこの会計処理を**純資産直入**という。

純資産直入が行われると，貸借対照表が示す当期中の純資産の増加額は，損益計算書の当期純利益とは一致しなくなる。この事態に対処する方策には，次の2通りがある。第1の対処策は，不一致をそのまま放置する取扱であり，この方法は財務諸表の**非連携**（non-articulation）とよばれる。わが国では個別財務諸表でこの取扱が採用されている。第2の対処策は，次の工夫を行うことにより，利益額と純資産増加額を再び一致させて，クリーン・サープラス関係を回復する方法である。これを財務諸表の**連携**（articulation）といい，わが国では連結財務諸表がこれを採用している。連携を達成するには，資産・負債の時価評価差額を貸借対照表の純資産に直接に計上するのではなく，利益計算に含めて当期純利益と合算したうえで，純資産に振り替える手続が必要になる。

ただしこの時価評価差額は，取引を経て実現された利益ではないから，当期純利益とは区別して，「**その他の包括利益**（OCI：other comprehensive income）」という項目に含めて取り扱わなければならない。したがって貸借対照表に振り替えられる利益は，実現した利益として損益計算書で算定された「当期純利益」と，未実現の時価評価差額を意味する「その他の包括利益」から構成されることになり，この合計額は実現と未実現の両方を包括しているという意味で**包括利益**（comprehensive income）と名づけられている。すなわち包括利益のうち，当期純利益以外の部分が「その他の包括利益」とよばれるのである。

5 包括利益の測定と報告

当期純利益と包括利益の関係，およびこれらが損益計算書や貸借対照表を中心とした財務諸表の体系の中で有する位置づけを，明瞭かつ具体的に理解する

には，次のような仮設例を用いて考察するのが有効である。

【図表３－１】に示すのは，ある企業の前期末と当期末の貸借対照表である。投資有価証券は，企業会計基準第10号が時価評価を求める「その他有価証券」に該当し，貸方の評価差額金は取得原価と期末時価の差額である。論点を浮き彫りにするため，負債は存在しないものとし，税効果会計の適用も省略するとともに，期中取引は次の①～③のみとして簡略化のうえ，金額単位も省略した。当期末の貸借対照表にはこれらの取引が反映されている。

①有価証券の半分を期首に時価60で売却し現金を得た。②当期に売上収益180と諸費用140を認識して，現金で決済した。③当期末に保有する有価証券の時価が75になった。

【図表３－１】 仮設企業の貸借対照表

貸借対照表（前期末）				貸借対照表（当期末）			
現 金	200	資 本 金	250	現 金	300	資 本 金	250
		利益剰余金	50			利益剰余金	100
投資有価証券	120	評価差額金	20	投資有価証券	75	評価差額金	25

期中の取引①～③の仕訳と，これに基づいて作成した損益計算書は【図表３－２】のとおりである。【図表３－１】の貸借対照表の貸方には３項目が示されているが，資本金と利益剰余金は**株主資本**の内訳項目であり，これに評価差額金（正式な項目名は「その他有価証券評価差額金」）を加算した額が**純資産**である。

【図表３－２】 取引の仕訳と損益計算書

	取 引 の 仕 訳					損益計算書	
①	（借）現 金	60	（貸）投資有価証券	60		売 上 収 益	180
	（借）評価差額金	10	（貸）投資有価証券売却益	10		投資有価証券売却益	10
②	（借）現 金	180	（貸）売 上 収 益	180		諸 費 用	140
	（借）諸 費 用	140	（貸）現 金	140		当 期 純 利 益	50
③	（借）投資有価証券	15	（貸）評価差額金	15			

この段階で，クリーン・サープラス関係の成否を確認しておこう。資本金と

利益剰余金を合計して算定される株主資本は，前期末300から当期末350へと増加しており，その変化額は損益計算書の当期純利益50と等しいから，株主資本に関してはクリーン・サープラス関係が維持されている。しかし純資産については，前期末320から当期末375への変化額55が，利益額（当期純利益50）と一致していない。純資産の変化額と一致するのは，当期純利益ではなく，その他有価証券の時価評価差額に着目して，【図表３－３】に示す方法で算定される包括利益である。

【図表３－３】 包括利益の算定

損益及び包括利益計算書（A） （組替調整しない場合）		損益及び包括利益計算書（B） （組替調整する場合）	
売　上　収　益	180	売　上　収　益	180
		投資有価証券売却益	10
諸　費　用	140	諸　費　用	140
事　業　の　利　益	40	当　期　純　利　益	50
評価差額金増加額	15	評価差額金増加額	15
		評価差額金振替額	10
その他の包括利益	15	その他の包括利益	5
包　括　利　益	55	包　括　利　益	55

包括利益を算定・表示する方法には，【図表３－３】にBとして示すように，最終的に包括利益55を導出する途中の段階で，いったん当期純利益50を算定表示する方法と，途中で当期純利益を示すことなく，包括利益のみを算定するAの方法がある。

6　組替調整による純利益と包括利益の共存

　直感的には，当期純利益と包括利益の両方を示すB方式の方が優れていると思われるが，A方式の支持者は次の理由により，当期純利益の情報の有用性について懐疑的である。それは，しばしば実務でも散見されるように，本業の業績が不振な年度には，含み益のある投資有価証券を選んで転売すれば，当期純利益を嵩上げすることができ，逆に，含み損のある証券を選んで売却することで当期純利益を圧縮できるなど，当期純利益は経営者による操作が容易である

から，業績尺度として欠陥があるとの理由による。これに対し包括利益には，経営者がそのようにして操作することができない業績尺度であるという長所が認められる。

　しかしＢ方式を採用したうえで，わが国の取扱がそうであるように，投資有価証券売却益を損益計算書の経常利益の区分に含めることなく，特別損益の区分の独立科目として記載すれば，財務諸表の読者はこの利益部分の意味をふまえて，企業の業績を的確に評価することができるであろう。このほかＢ方式は，資本取引や剰余金の配当がなければ，貸借対照表の株主資本と純資産の両方について，［前期末の株主資本＋当期純利益＝当期末の株主資本］および［前期末の純資産＋包括利益＝当期末の純資産］という２重のクリーン・サープラス関係の成立を可能にする点で優れている。

　Ｂ方式で当期純利益と包括利益の両方を算定するには，**組替調整**（リサイクリングともよばれる）の手続が不可欠である。たとえば，相互持合している投資有価証券を売却するなどして，未実現の含み益が実現した場合に，貸借対照表の「その他有価証券評価差額金」から除去して，これを損益計算書の「投資有価証券売却益」へ振り替える手続がそれである。【図表３－２】の仕訳①において網掛けで示した仕訳がこれに該当し，その結果は【図表３－３】で例示するＢ方式の損益及び包括利益計算書において，網掛けならびに矢印で示すような表示となって現れる。この組換調整を実施しないＡ方式では，損益及び包括利益計算書を作成しても，包括利益を算定する過程で当期純利益を示すことはできない。

　このため企業会計基準第25号「包括利益の表示に関する会計基準」は，その他有価証券評価差額金をはじめとして，その他の包括利益に計上されたすべての項目（土地再評価差額金を除く）について，組替調整を行うよう規定している（９項，31項）。また国際会計基準のうち日本基準とは考え方が著しく異なる部分に修正を加えた，いわば日本版の国際会計基準ともいうべき「修正国際基準」の一部として定められた，企業会計基準委員会による修正会計基準第２号「その他の包括利益の会計処理」でも，その他の包括利益に関するすべての

項目(有形固定資産の時価評価差額を除く)について,組替調整が必要であるとして,国際会計基準に修正が加えられている(16〜19項)。

　国際会計基準では,資産負債アプローチに直結した包括利益を,純利益と同等かそれ以上に重視する傾向があるのに対し,日本では包括利益も連結財務諸表の構成要素として認知されてはいるが,構成要素の体系の中では包括利益よりも純利益の概念を尊重する姿勢が強いのである。

第4章 資産・負債の評価基準

1 測定尺度の選択肢

　【図表4－1】に示すのは，企業会計基準委員会の討議資料「財務会計の概念フレームワーク」の第4章「財務諸表における認識と測定」において，資産・負債のありうべき評価基準として列挙された測定尺度の体系を要約したものである。①～④ないし⑤の番号は，概念フレームワークの文書でそれぞれの測定尺度が提示されている順序を示しており，資産側の測定尺度に対応するように，負債側の測定尺度を位置づけている。

【図表4－1】　資産・負債の測定尺度

資産の測定尺度	負債の測定尺度
① 取得原価	② 現金受入額（例　前受金）
② 市場価格……(a)時価そのもの，(b)再調達原価，(c)正味実現可能価額	④ 市場価格
③ 割引価値 　(a)　利用価値 　(b)　市場価格を推定するための割引価値（時価や公正な評価額）	③ 割引価値 　(a)　リスクフリー・レートによる割引価値 　(b)　リスクを調整した割引率による割引価値
④ 入金予定額（例　貸付金などの決済価額または将来収入額）	① 支払予定額（例　借入金などの決済価額または将来支出額）
⑤ 被投資企業の純資産に基づく額（例　関連会社株式の持分法による評価額）	

　概念フレームワークそのものは，測定尺度の選択肢を並列的に示しているだけであり，これらの測定尺度の間での優劣は議論していない。財務諸表の個々の構成要素の金額決定に際して適用すべき測定尺度の選択は，テーマ別に設定

される具体的な会計基準の中で，個別的に規定することが予定されているのである。

資産・負債の評価基準をめぐる議論は，原価評価と時価評価を対比させて優劣を比較考量する形で展開されることが多い。本章では，そのような考察を経て，(1)理念のレベルでは，割引現在価値ないし時価での測定とそれに基づく経済学の利益計算が優位であるが，(2)その実践を可能にするための前提条件が満たされないがゆえに，実践可能な方法として現実には，評価対象項目の特性に応じて原価基準と時価基準を使い分ける，いわゆる「混合的測定」が行われている現状とその論拠を概説する。

2　割引現在価値による評価の理念

資産負債アプローチにおいて財務会計の中心概念に位置づけられている資産の定義は，「過去の取引または事象の結果として報告主体が支配している経済的資源」である。そのような経済的資源の本質は，将来時点で企業にキャッシュフローをもたらす能力を有することであり，資産がもつこの能力は古くから用益潜在力（service potentials）とよばれてきた。たとえば売掛金は回収によって直接的にキャッシュフローをもたらすであろうし，機械設備は製品の生産に利用され，製品販売と代金回収を通じてキャッシュフローの獲得に貢献している。

したがって資産の定義と論理的に最も整合したものとして，そのような将来キャッシュフローを資産評価の基礎として用いることが考えられる。ただし現金は，金融資産や事業用資産に投下して一定期間にわたり運用すれば，利子や利益を生じて増殖するから，将来キャッシュフローの価値を現時点で評価すれば，その価値がキャッシュフロー自体の金額より小さくなることは明らかである。たとえば利子率が6％であれば，1年後に得られる10,000円のキャッシュフローの現時点での価値は［10,000÷1.06＝約9,434円］となる。キャッシュフローが2年後なら，現時点での価値は［10,000÷1.06÷1.06＝約8,900円］である。

これを将来キャッシュフローの**割引現在価値**（discounted present value of future cash flow）という。貸借対照表は決算日現在で作成されるから，そこに計上される資産を割引現在価値で評価するには，その資産が将来の各時点でもたらすキャッシュフローを予測したうえで，現時点での価値を表すように割引計算を行わなければならない。負債を割引現在価値で評価する場合も同様である。

このようにして資産と負債を割引現在価値で評価し，その差額としての純資産が期首から期末へと増殖した額（ただし増資や配当などの資本取引を除く）として導出される利益は，資産負債アプローチの考え方と整合するだけでなく，新古典派の経済学者が採用する利益概念にも合致していることから，しばしば**経済学的利益**とか経済的利益（economic income）とよばれている。

たとえば経済学者のヒックスは個人の所得の概念を，「彼がその週のうちに消費することができ，しかも週初めと同じ裕福さであると期待できるもの」と定義する（J. R. Hicks, Value and Capital, 1939, p.176）。アレクサンダーはこの考え方を企業の利益に援用して，企業利益とは「会社が，株主に分配することができ，しかも年度末において年度初めと同じ裕福さでいることができる金額」と定義する（S. S. Alexander, Income Measurement in a Dynamic Economy, 1950）。

このように経済学でいう利益とは，企業の資本価値を維持したうえで分配できる最大額を意味しており，そこでの資本価値は将来キャッシュフローの割引現在価値で測定される。資産負債アプローチの基礎には，このような割引現在価値による資産・負債の評価に立脚した経済学の理念が存在しているのである。これに対し，伝統的な会計学では生産設備等の資産は取得原価で測定して貸借対照表に計上し，それを耐用年数にわたって配分する方法で，発生主義会計の利益が測定されてきた。

3　経済学的利益と発生主義会計利益の比較

古くから会計学と経済学は，ともにその関心事項が利益ないし所得である点

で共通しているにもかかわらず，その具体的な把握の方法が大きく異なるという意味で，そりの合わない双子（uncongenial twin）に例えられてきた。

割引現在価値を基礎とした経済学的利益を想定する経済学と，取得原価を基礎として発生主義の利益を現実に測定してきた会計学を，鮮明に対比して相違点と論点を抽出するために，【図表４－２】の仮設例についてそれぞれの資産評価額と経済学的利益ならびに発生主義会計利益を算定してみよう。【図表４－２】の上段には仮設例が記述され，下段では経済学と会計学を対比する形で，それぞれの資産評価と利益測定を仕訳形式で示している。

【図表４－２】 経済学と会計学の比較

[仮設例] ①企業は第１年度期首に資本主から1,000万円の出資を受け，ただちにその全額で機械を購入する。②この機械を利用した経済活動により，第１および第２年度末に，それぞれ660万円および484万円の純キャッシュフローが得られる。２年経過後の機械の価値はゼロである。③純キャッシュフローは各年度末にすべて配当ないし資本の引出として資本主に分配される。④割引現在価値の計算に用いる割引利子率は10％とする。	
経済学の資産評価と利益計算	会計学の資産評価と利益計算

	経済学の資産評価と利益計算	会計学の資産評価と利益計算
第１年度の取引	（借）現　　金　　660 　　（貸）売　　上　　660 （借）減価償却費　　560 　　（貸）機　　械　　560 ＊　減価償却費 　＝機械の期首価値1,000 　－期末価値440＝560 ＊　利益 　＝収益660－費用560＝100	（借）現　　金　　660 　　（貸）売　　上　　660 （借）減価償却費　　500 　　（貸）機　　械　　500 ＊　減価償却費 　＝取得原価1,000 　÷耐用年数２年＝500 ＊　利益 　＝収益660－費用500＝160
第１年度末の分配	（借）利　　益　　100 　　　資　　本　　560 　　（貸）現　　金　　660	（借）利　　益　　160 　　　資　　本　　500 　　（貸）現　　金　　660

第2年度の取引	（借）現　金　　　　　484 　　（貸）売　　上　　　　484 （借）減価償却費　　　440 　　（貸）機　械　　　　　440 　＊　減価償却費 　　＝機械の期首価値440 　　　－期末価値0＝440 　＊　利益 　　＝収益484－費用440＝44	（借）現　金　　　　　484 　　（貸）売　　上　　　　484 （借）減価償却費　　　500 　　（貸）機　械　　　　　500 　＊　減価償却費 　　＝取得原価1,000 　　　÷耐用年数2年＝500 　＊　利益 　　＝収益484－費用500＝▲16
第2年度末の分配	（借）利　　　益　　　　44 　　　資　　　本　　　440 　　（貸）現　　金　　　　484	（借）利　　　益　　　▲16 　　　資　　　本　　　500 　　（貸）現　　金　　　　484

　直感的な理解を促進するために，仮設例の企業としては，たとえば出資額1,000万円で耐用年数が2年の機械設備を購入して，クリーニング店を経営する企業を考えればよい。営業収入から各種の費用支払を行ったのち，手元に残る純キャッシュフローが第1年度末の660万円と第2年度末の484万円であり，これらの全額が年度末に出資者に分配され，クリーニング店を営む企業は第2年度末に解散するのである。

　もちろん各年の純キャッシュフローは予測値であるから，事後的な実績値がこれとは異なるのが通常である。割引利子率についても同様である。しかしここでは予測の不確実性の問題をひとまず捨象して問題を単純化し，主要な論点を浮き彫りにするために，実績値は予測値のとおりに実現するものと仮定する。

　【図表4－2】の右半分が示す会計学の資産評価と利益計算については，ほとんど説明の必要がないであろう。各年の純キャッシュフローが売上収益に計上され，機械の取得原価は定額法で期間配分されて減価償却費となり，その差額として発生主義会計の利益が算定されているのである。

　他方，経済学的利益も各年の純キャッシュフローに基づく売上収益から減価償却費を控除して算定されるが，減価償却費は機械の割引現在価値が期首から期末へと減耗した金額として測定される。設例の機械に関しては，第1年度期首の割引現在価値 $[(660÷1.1)+(484÷1.1÷1.1)=1,000]$ が，第1年度末の

価値［484÷1.1＝440］を経て，第2年度末には0になるから，減価償却費は第1年度が［1,000－440＝560］，第2年度が［440－0＝440］である。

各年の利益額は，発生主義会計利益（第1年度160＋第2年度▲16）と経済学的利益（第1年度100＋第2年度44）の間で異なるが，企業の全存続期間の合計利益は144で等しい。

4　時価会計の理念的優越性

経済学的利益の基礎を成す割引現在価値での資産評価は，将来時点で企業にキャッシュフローをもたらす能力を有する経済的資源としての資産の定義と，非常にうまく整合している。また期首と期末の純資産の経済的価値（たとえば第1年度については期首が機械1,000であり，期末が現金660＋機械440＝1,100）を対比して，その差額をもって利益とみる考え方も忠実に実践されている。これに対し発生主義利益の算定に関連して導出された第1年度末の機械の貸借対照表価額500は，取得原価の配分残高であるにすぎず，この金額が有する経済学的な意味は明らかではない。

このようにして経済学と会計学の利益計算について優劣を比較した場合，少なくとも概念的なレベルでは，発生主義会計利益よりも経済学的利益の方が優位であることは自明である。

しかし【図表4－2】で例示した方法で，経済学的利益を実際に測定しようとすれば，ただちに次の2つの困難な問題に直面する。【図表4－2】の仮設例に則していえば，第1に，将来の純キャッシュフロー（第1年度の660と第2年度の484）をいかにして客観的に予測するか，第2に，これらのキャッシュフローに適用する割引利子率（設例の10%）をどのように決定するかという問題がそれである。財務会計が生み出す情報が，証券市場で投資意思決定に利用されたり，経営者・株主・債権者の間の利害調整に用いられたりすることを考えれば，信頼性に疑問を生じるような資産・負債の評価や，それに基づく利益測定は利害関係者に受容されないであろう。

したがって割引現在価値による資産・負債の測定とそれに基づく経済学的利

益の測定は，理念のレベルでいかに優れていても，それを具体的な数値として実際に測定する段階になると，克服できない困難に直面してしまうのである。ただし所定の条件が満たされるとき，この困難な問題の克服が可能になる。その条件とは，完全市場と完備市場の条件である。

　完全市場（perfect market）とは，市場参加者が極めて多数なため個々の参加者に価格支配力がなく，市場参加者は完全な情報と知識を持って自由に参入・退出でき，取引の実施にコストを要しないような市場をいう。そのような市場では，割引現在価値と市場価額が相違しても，両者を一致させる方向で売買が繰り返される結果，市場価格（すなわち時価）が割引現在価値と等しくなる。したがって将来キャッシュフローを予測して，これに割引利子率を適用して割引現在価値を算定する必要はなく，市場価格の観察を通じて，割引現在価値の把握が可能となる。注意深い読者はすでに気づいているであろうが，【図表４－２】の設例で第１年度の期首時点で機械の割引現在価値とこの企業による購入価格（市場価格）が1,000で等しいという設定は，この完全市場を仮定することによって初めて成立する前提である。

　他方，**完備市場**（complete market）とは，どのような財貨やサービスに関しても，それが取引される市場が存在していることを意味する。したがって企業が保有したり負担するどのような財貨やサービスについても，市場価格の観察が可能となる。完備市場の条件が満たされているというためには，たとえば中古の有形固定資産の売買市場はもとより，企業が極秘で遂行している未完成の研究開発に関する知的情報についても，市場が存在していなければならない。

　これらの意味内容をもつ完全市場と完備市場の条件が満たされる場合，企業が経済的資源として保有する資産やその引渡義務として負担する負債は，そのすべてに関して，将来キャッシュフローの予測値に割引利子率を適用した計算を行わなくても，市場価格（すなわち時価）を参照するだけで割引現在価値を把握することができ，純資産の増額分として経済学的利益を算定することが可能になるのである。

　このことから，原価主義会計と時価主義会計を対比した場合，完全市場と完

備市場の2条件が満たされる限り，理念的には時価主義会計の優越性は明らかである。しかしここでもまた，割引現在価値を基礎とする経済学的利益の実践的な測定に不可欠な，これら2条件が満たされているか否かを問うとき，その答えは否定的にならざるを得ない。多くの財貨やサービスについては，そもそもそれが取引される市場が存在しておらず（完備市場ではない），市場が存在している財貨やサービスについても，その取引の実情は完全市場でない場合が少なからず存在するであろう。

したがって割引現在価値での評価に基づく経済学的利益の測定や，それに代替し得る可能性をもった時価主義会計が，理念的にはいかに優れたものであっても，会計情報が具備すべき水準の信頼性をもって，それを実際に測定することはできない。将来の予測や主観的な期待を交えて，企業の現在価値を評価するのは投資者が行うべき作業であり，財務会計の役割ではない。財務会計には，そのような企業価値評価の基礎として投資者が信頼するに足る会計情報を提供する役割が期待されているのであり，ここに財務会計が発生主義利益を測定し提供する意義がある。

5　企業価値評価からみた原価主義情報の価値

割引現在価値での資産・負債の評価とそれに基づく経済学的利益の測定が理念的には優越しているが，その実践が不可能であるがゆえに，発生主義会計の利益測定に存在意義があると論じると，あくまで財務会計が目指すべき方向は，時価主義会計であるとの誤った印象を与えかねない。そこで以下では，簡単な企業価値評価モデルを援用して，原価主義会計が生み出す情報であっても，時価主義会計に劣らない役割を果たし得ることを例示する。

会計情報が具備すべき最も重要な質的特性とされる投資意思決定有用性の中心的な意味内容は，株主にとっての企業価値，すなわち株式の本源的価値の推定に役立つことである。そのための企業価値評価モデルには種々のものがあるが，今日の会計学界で最も多くの支持を得ているのは残余利益モデルである。

このモデルは，株式の価値が将来の配当の割引現在価値に等しいという配当

割引モデルを基礎とし，［期首資本＋利益－配当＝期末資本］というクリーン・サープラス関係を示す計算式から導いた［配当＝利益＋期首資本－期末資本］という数式を代入して導出され（その過程は桜井久勝『財務諸表分析（第7版）』中央経済社，285－287頁参照），次式のように表記される。BVは現時点の自己資本の簿価，Aは将来期間の予想利益，rは自己資本コストとしての割引率である。

$$\text{企業価値} = BV_0 + \frac{A_1 - BV_0 \times r_1}{1 + r_1} + \frac{A_2 - BV_1 \times r_2}{(1 + r_1)(1 + r_2)} + \cdots \cdots \quad ①$$

このモデル式は，所定の仮定（具体的には，利益Aと割引率rと自己資本BVが毎期一定という仮定）のもとで，次式のように単純化して示すことができる。右辺の第2項の分子は，利益Aが資本コスト（$BV_0 \times r$）を上回る額であることから残余利益とよばれ，モデル名もこれに由来する。

$$\text{企業価値} = \text{自己資本}BV_0 + \frac{\text{利益}A - \text{自己資本}BV_0 \times \text{資本コスト}r}{\text{資本コスト}r} \quad ②$$

次に【図表４－３】として示した仮設数値を用いて，このモデルの適用を例示しよう。原価主義会計（ケースA）のもとでの現時点の株主資本を500，将来の予想利益を45，自己資本コストを6％とする。

【図表４－３】 残余利益モデルによる企業価値評価

A 原価主義の財務諸表

資 産 700	負 債 200
	株主資本 500

B 時価評価の導入

資 産 800	負 債 200
	株主資本 500
	評価差額 100

このとき企業価値は，株主資本500に，毎期45ずつ生じる予想利益から，500×6％として算定される資本コスト30を引いて得られる毎期15ずつの残余利益を，6％で資本還元して導出した250を加えて，［500＋（45－500×0.06）÷0.06 ＝500＋250＝750］と算定される。

次に，資産や負債の時価評価が導入されるとき，この企業価値評価額にどん

な影響が生じるか考えよう。資産負債を時価で評価する場合の自己資本は，株主資本と時価評価差額から構成され（ケースB），これには包括利益が対応する。しかし包括利益と純利益の差である「その他の包括利益」については，時価評価対象項目が近似的に効率的な市場で取引されていたり，市場価格の動向が予測不可能であれば，その期待値はゼロと考えてよい。

このとき自己資本600と，予想される包括利益45を基礎とした企業価値は，$[600+(45-600\times 0.06)\div 0.06=600+150=750]$ となり，ケースAの場合と等しい。自己資本が500から600へと増加した分だけ，残余利益の現在価値が250から150へと減少した結果，企業価値の評価額は変化しない。すなわち，時価評価を導入しても，その他の包括利益の期待値がゼロである限り，残余利益モデルから算定される株式の本源的価値は影響を受けず，また当期純利益は依然としてその情報価値を失わないのである。

このようにして残余利益モデルは，資産負債に時価評価を導入しても，企業価値評価額それ自体には直接の影響を及ぼさないことを示唆している。すなわち原価主義会計であっても，利益測定が的確に行われている限り，投資意思決定有用性が損なわれる懸念はないのである。むしろ問題は，理念レベルで優越性をもつ時価主義会計を推進しようとして，会計数値の信頼性を低下させてまで資産・負債の時価評価の範囲を拡大しようとする姿勢こそが，会計情報の投資意思決定有用性を損なう原因になりかねない点である。これらの考慮に基づき，時価評価の対象とされる資産・負債は，時価で評価することに正当性があるだけでなく，十分な信頼性をもって測定が可能であるか，あるいは信頼性が劣っても割引現在価値以外の方法では金額的な把握ができない項目に限定されている。

6　混合的測定

これまでに検討してきた考慮事項に基づき，日本の現行の会計基準は，資産を保有目的に従って2種類に分類したうえで，取得原価と時価による測定を次のように区分して適用している。

企業が保有する資産のうち，財やサービスの生産や販売など，本来の企業活動に用いる**事業用資産**については，取得原価が原則的な評価基準として採用される。他方，余剰資金の運用として保有する所定の**金融資産**は，評価時点での市場価格を中心とした時価で評価される。この状況を**混合的測定**という。

　ここで重要なのは，事業用資産と金融資産がその外形や物理的な特性によって区分されるのではなく，保有目的によって区分される点である。たとえば子会社株式や関連会社株式は，有価証券であるから外形的には金融資産であるが，その保有目的はグループ経営の推進にあるから，事業用資産の性質をもち，個別財務諸表では取得原価で評価される。他方，在庫品の値動きを利用して売買差益を得ようとしてトレーディング目的で保有する棚卸資産は，金融商品に準じて時価評価の対象となる。

　このようにして事業用資産と金融資産で異なった評価基準が適用されるのは，次の理由による。短期利殖のための保有株式のように，余剰資金の運用の結果として企業が保有する金融資産の顕著な特徴は，誰にとっても市場価格に等しいだけの価値を有しており，本業の遂行に影響することなく市場価格での容易な売却が可能な点である。また市場での売却以外に，投資の目的を達成する方法もない。したがってこのような資産は，市場価格を中心とした時価により十分な信頼性をもって測定することが可能であり，またそうすることが資産の保有目的からみて適切である。

　これに対し，原材料や機械装置などの事業用資産は，もともと時価変動による利益獲得を目的にして保有されているわけではないし，転売してしまえば本業に重大な影響を生じてしまう。しかもこれらの事業用資産の価値は，誰がどんな目的で保有するかによって異なるのである。さらに重要なことには，そのような利用価値を見込んで企業が一群の資産を保有していても，それは企業の期待にすぎず，必ずしも期待どおりに達成される保証はない。これらの特徴を考えると，事業用資産は，それを利用して生産した財やサービスが市場で販売され，企業が意図した価値が実現するまでは，取得原価で評価しておくのが合理的である。

負債についても同様に考えればよい。たとえば社債は金融負債であるが，それで調達した資金は生産設備などに投入されているから，事業活動に影響を及ぼすことなく償還するのは非常に困難である。したがって自社の業績不振により自社発行の上場社債の時価が下落しても，社債の発行価額や償却原価を時価まで切り下げて，差額を利益計上するのは適切でない。そのような会計処理を行うと，時価の低下分だけ評価益が計上されてしまい，その企業が業績不振で財務的危機に直面しているという実態に反する損益計算書が作成されてしまう。これを「負債の時価評価のパラドックス」という。このため負債の時価評価は，時価変動を利用してヘッジを行う目的で保有するデリバティブのような所定項目だけに限定されている。

第5章 財務諸表の体系

1　金融商品取引法と会社法

　財務諸表とは金融商品取引法に従った名称であり，会社法はこれを計算書類とよぶ。連結ベースで作成されたものも，金融商品取引法のもとでは連結財務諸表とよばれるのに対し，会社法は連結計算書類と名づけている。

　【図表5－1】は，金融商品取引法と会社法が所定の企業に対して作成と報告を求める会計書類について，その根拠となる法規および1組の会計書類の体系を要約したものである。

【図表5－1】　法定された財務諸表と計算書類

		金融商品取引法	会社法
個別企業	法規	金融商品取引法193条 財務諸表等規則1条 四半期財務諸表等規則1条	会社法435条2項 会社計算規則59条1項
	書類の体系	貸借対照表(年次・四半期) 損益計算書(年次・四半期) 株主資本等変動計算書(年次のみ) キャッシュ・フロー計算書(年次・四半期) 附属明細表(年次のみ)	貸借対照表(年次のみ) 損益計算書(年次のみ) 株主資本等変動計算書(年次のみ) 個別注記表(年次のみ) 附属明細書(年次のみ) 事業報告(年次のみ)
企業集団	法規	金融商品取引法193条 連結財務諸表規則1条 四半期連結財務諸表規則1条	会社法444条1項，3項 会社計算規則61条
	書類の体系	連結貸借対照表(年次・四半期) 連結損益計算書(年次・四半期) 連結包括利益計算書(年次・四半期) 連結株主資本等変動計算書(年次のみ) 連結キャッシュ・フロー計算書(年次・四半期) 連結附属明細表(年次のみ)	連結貸借対照表(年次のみ) 連結損益計算書(年次のみ) 連結株主資本等変動計算書(年次のみ) 連結注記表(年次のみ)

金融商品取引法の企業内容開示制度（ディスクロージャー制度）と，会社法が定める計算書類の作成・報告の制度は，その適用対象企業が次のように異なる。金融商品取引法は，株式や社債などの金融商品が取引される市場を，発行市場（企業が有価証券を新規に発行して投資者に売却することにより資金調達を行う市場）と，流通市場（過去に発行された有価証券が投資者の間で売買される市場）に区分する。そして発行市場に関しては，企業が1億円以上の有価証券を不特定多数の投資者に販売することにより資金調達を行おうとする場合に，有価証券届出書と目論見書を通じて投資者に情報提供すべきことを規定する。

他方，流通市場に関しては，証券取引所上場企業や，過去に不特定多数の投資者に有価証券を販売して多額の資金調達を行った企業などが，(a)毎決算期ごとの有価証券報告書，(b)3ヶ月ごとの四半期報告書，および(c)臨時報告書を通じて，投資者に情報を提供すべきことが規定されている。

有価証券届出書と有価証券報告書には個別と連結の財務諸表が含められ，四半期報告書には個別または連結の四半期財務諸表が含められる。関東財務局のウェブサイトによると，平成29年度において有価証券報告書を提出した国内企業は全国で4,069社であり，有価証券届出書のそれは560件であった。

これに対し，会社法が定める計算書類の作成・報告の制度は，すべての会社に適用されるが，国税庁のウェブサイトによると平成28年度における株式会社の実在数は約252万社であったことが報告されている。このうち計算書類に関して会計監査人による監査を受けなければならない大会社，すなわち資本金5億円以上または負債総額200億円以上の株式会社は，約10,000社であるとされている（平成22年3月の企業会計審議会資料による）。金融商品取引法による開示制度の適用対象企業の多くは，会社法上の大会社でもある。

2　財務諸表と計算書類の比較

金融商品取引法の財務諸表と会社法の計算書類はいくつかの点で共通しているが，相違点もみられる。そのうち以下では【図表5－1】に基づき，財務諸

表と計算書類の相違点に留意しつつ，両者を比較してみよう。

(1) 個別と連結

　金融商品取引法も会社法も，個別と連結の両方の会計書類について規定するが，金融商品取引法が重視するのは**連結財務諸表**である。歴史的にみれば，個別財務諸表が古くから作成・公表されてきたのに対し，連結財務諸表は1978年３月期から金融商品取引法に導入され，2000年３月期からは連結財務諸表が企業内容開示制度の中心を占めるようになっている。個別財務諸表は**財務諸表等規則**（正式名称は「財務諸表等の用語，様式及び作成方法に関する規則」）に基づいて作成され，連結財務諸表は連結財務諸表規則（正式名称は「連結財務諸表の用語，様式及び作成方法に関する規則」）に基づいて作成される。

　他方，会社法は経営者・株主・債権者の間の私的な権利義務関係の調整や確定のために会計数値を利用することから，法律上で独立した個々の企業を会計単位とする計算書類を重視する。しかし会社法上の大会社のうち，金融商品取引法の適用を受けて有価証券報告書を提出する企業については，2003年４月以降に開始する年度から，会社法上でもそれを連結計算書類として株主に報告することが義務づけられている。またこれ以外の会社であっても，会計監査人を設置する株式会社は，連結計算書類の作成が許容される。計算書類および連結計算書類の内容を規定するのは「**会社計算規則**」である。

(2) 年次と四半期

　会社法が作成と報告を求める会計書類は，個別であれ連結であれ，年次の書類のみである。これに対し，金融商品取引法の開示制度では，年次の財務諸表だけでなく，四半期を対象とする**四半期財務諸表**が必要とされる。たとえば企業業績の趨勢が期中に変化したような場合，その事実は投資者の意思決定に重要な影響を及ぼすから，金融商品取引法はよりいっそう頻繁な情報公開を規定しているのである。ただし四半期財務諸表を連結ベースで開示すれば，個別企業ベースでの開示は不要である。

金融商品取引法のもとで四半期財務諸表は四半期財務諸表等規則（正式名称は「四半期財務諸表等の用語，様式及び作成方法に関する規則」）に基づいて作成され，四半期連結財務諸表は四半期連結財務諸表規則（正式名称は「連結財務諸表の用語，様式及び作成方法に関する規則」）に基づいて作成される。個別と連結の四半期財務諸表に含められる会計書類の具体的な内容は，【図表5－1】のとおりである。

(3) キャッシュ・フロー計算書

キャッシュ・フロー計算書は，金融商品取引法の開示制度においてのみ，作成と公表が求められる会計書類である。会社法は個別でも連結でもキャッシュ・フロー計算書の作成・報告を求めていない。会社法は貸借対照表を利用して配当規制を行い，また法人税法の課税所得計算では損益計算書の当期純利益が用いられるが，キャッシュ・フロー計算書を経営者・株主・債権者の間の利害調整に利用する特定の用途は想定されていない。このためにキャッシュ・フロー計算書は計算書類に含められなかったものと思われる。

これに対し金融商品取引法の開示制度では，個別と連結の両方について，また年次と四半期の両方について，キャッシュ・フロー計算書が財務諸表の1つとして含められている。ただし連結キャッシュ・フロー計算書を公表する企業は，個別財務諸表としてキャッシュ・フロー計算書を作成し公表する必要はない。

(4) 包括利益計算書

包括利益計算書は金融商品取引法の開示制度においてのみ，連結ベースで作成と公表が求められる会計書類である。会社法では求められておらず，また金融商品取引法のもとでも個別財務諸表の体系には含められていない。このようにして同じ金融商品取引法のもとでも個別と連結で取扱が異なることを「連単分離」という。

(5) その他の相違点

　前述の事項のほかにも，財務諸表と計算書類の間で，いくつかの相違点がある。①会社法は計算書類の1つとして個別注記表と連結注記表を列挙するが，金融商品取引法では注記を財務諸表の不可分な一部分として位置づけているため，財務諸表の本体と注記は区分されていない。②会社法が作成・報告すべきものとして挙げる「事業報告」には，会社の事業内容，当期の営業の経過と成果，株主・従業員・取締役等の状況など，企業の実態に関する情報が記載される。事業報告は，附属明細書と同様に，会社法の計算書類の体系には含まれない。事業報告に記載される事項は，金融商品取引法のもとでは有価証券報告書の財務諸表以外の部分に収録されている。③財務諸表ないし計算書類の体系には含まれないが，これらに附属して重要項目の内訳や増減の明細を報告するために作成が求められる書面を，金融商品取引法は附属明細表と名づけ，会社法は附属明細書とよんでいる。

　以下では財務諸表や計算書類の中心をなす貸借対照表，損益計算書と包括利益計算書，および株主資本等変動計算書のそれぞれについて，これらが意図した会計情報を利用者にうまく伝達できるようにするために，その作成に際して採用されているさまざまな工夫について概説する。なお，キャッシュ・フロー計算書も財務諸表の1つとして位置づけられた重要な決算書であるが，その基礎理論や作成方法は，第6章で解説する。

3　貸借対照表の明瞭表示

　貸借対照表の表示については，企業の財政状態，すなわち投資のポジション（資金調達と資金投下の現状）に関する情報が十分に伝達されるように，多くの工夫が行われている。①総額主義の適用，②流動項目と固定項目の区分，③流動性配列法の採用，④報告式の採用，⑤重要性を考慮した独立項目の取捨選択などがそれである。まずはこのそれぞれについて，ごく簡単に概説しよう。

　総額主義の適用例は，同一銀行に対するものでも預金と借入金は相殺しない等，各所にみられる。資産と負債は，流動項目と固定項目に区分したうえで，

通常は【図表5－2】のように，流動項目を固定項目より先に表示するだけでなく，同じ流動項目であっても，よりいっそう流動性が高い項目から順に配列する。これを**流動性配列法**とよび，通常の製造業や商業では財務諸表等規則13条に従い，この方法が採用される。

【図表5－2】　貸借対照表の区分表示

資産	流動資産	負債	流動負債
			固定負債
	固定資産 (1) 有形固定資産 (2) 無形固定資産 (3) 投資その他の資産	純資産	株主資本 (1) 資本金 (2) 資本剰余金 (3) 利益剰余金 (4) 自己株式
			評価・換算差額等
	繰延資産		新株予約権

この方法は，短期間に返済すべき流動負債の返済財源として十分な流動資産が保有されていることの確認に便利である。また投下資金を長期に拘束している固定資産の金額が，返済不要の純資産や，短期には返済を要しない固定負債も含めた長期資本の範囲内で収まっていることの確認にも役立つ。なお，固定資産の割合が極めて高い電力会社などについては，固定項目を流動項目より先に表示する**固定性配列法**が採用される。

流動項目と固定項目の区分は，【図表5－3】に示した2つの基準によって行う。第1に，［仕入→生産→販売→回収］という4ステップから構成される営業循環の上を流れる項目は，期間の長短に関係なくすべて流動項目とする。これを**営業循環基準**という。【図表5－3】の上段は，営業循環のステップとこれに関連する項目を，流動資産（1行目）と流動負債（2行目）に区分して例示している。たとえば酒類の醸造や宅地開発の建売住宅などの在庫品は，営業循環の途上にあるから，販売までに長い年月を要するとしても，流動資産に分類される。

【図表5-3】 流動項目と固定項目の区分

仕　入	→	生　産	→	販　売	→	回　収
商品・原材料 買掛金・支払手形		仕掛品・製品		売掛金・受取手形		現金・前渡金 前受金

営業循環過程内の項目 　　**営業循環基準**			流動項目	現金・売掛金 受取手形 原材料・製品	買掛金 支払手形 前受金
そ の 他 の 項 目	**1 年 基 準**	履行期または収益費用への転化期まで			
		1年内の項目	流動項目	1年以内の 預金・貸付金	1年以内の 借入金・未払金・ 引当金
		1年超の項目	固定項目	土地・建物 1年超の預金・ 投資有価証券	社債 1年超の借入金・ 引当金

　その他の項目，すなわち営業循環の上を流れているのではなく，営業循環の側に位置して営業循環を支援している項目については，**1年基準**で流動項目と固定項目を区分する。すなわち決算日の翌日から起算して1年以内に履行期の到来する債権債務，および1年以内に収益ないし費用に転化する資産負債を流動項目とし，1年を超えるものを固定項目とするのである。

　【図表5-2】として示した貸借対照表の様式は，残高勘定と同じく，借方の資産を貸方の負債・純資産と対照表示しているので，**勘定式**とよばれて，会社法に基づく決算書で広く利用されている。これに対し，書面の上から下へと資産・負債・純資産の順序で項目を配列して記載する方式を**報告式**とよび，金融商品取引法では報告式の採用が求められている。

　貸借対照表の掲載項目をどれほど細かく分類して独立項目として表示するかは，**重要性の原則**に従って決められる。たとえば財務諸表等規則では，その金額が資産総額の5％を超える項目は金額的に重要であると考え，独立項目として記載するよう規定している。

　他方，会社法の個別貸借対照表は剰余金の分配制限が遵守されたことの事後的な確認を可能にするため，純資産の部を**【図表5-4】**のように区分表示するよう求めている。この図の◎は配当等として分配の対象となる通常の財源を

表し，○は取崩のうえ財源とすることができる項目であり，▲の項目が借方残高である場合は，その額が分配可能額から減算される。

【図表5-4】 分配可能性を反映した純資産の区分表示

```
株主資本
  資本金
  資本剰余金
    資本準備金
    その他資本剰余金  ○
  利益剰余金
    利益準備金
    その他利益剰余金
      任意積立金  ○
      繰越利益剰余金  ◎
  自己株式  ▲
評価・換算差額等
  その他有価証券評価差額金  ▲
  繰延ヘッジ損益
  土地再評価差額金  ▲
新株予約権
```

4 損益計算書と包括利益計算書

　損益計算書は，投資の成果たる経営成績を明らかにするとともに，後述の包括利益計算書といっしょになって，自己資本の期中変動を説明するものである。そこでこれらの情報がうまく伝達されるように，その表示については多くの工夫が行われている。①総額主義の適用，②収益・費用の発生源泉別分類，③利益の段階的計算，④報告式の採用，⑤重要性を考慮した独立項目の選択などがそれである。このうち①④⑤は貸借対照表と共通するので，ここでは【図表5-5】が示す損益計算書の構造図に基づいて，②③を中心に概説する。

【図表5−5】 損益計算書の構造

　損益計算書が，最終的な純利益の金額だけでなく，その源泉をも明示するためには，収益と費用の項目を，企業の経済活動の区分に基づいて，発生源泉別に分類することが不可欠である。そのうえで利益を段階的に計算するのである。この目的のために企業活動は，営業活動，金融活動，およびその他の臨時事象に3分類される。営業活動の中心が［仕入→生産→販売→回収］という4ステップから構成される営業循環であることはいうまでもないが，これを円滑に行うための経営管理も必要とされる。

　営業活動の成果は売上高として実現し，その獲得のために仕入・生産ステップで要したコストが売上原価として最初に減算され，販売・回収ステップで要したコストを販売費として集計したうえで，経営管理のための一般管理費と合算して減算すれば，企業が営む主たる営業活動からの利益として，**営業利益**が導出される。

　次いで，余剰資金の運用や不足資金の借入を中心とする金融活動からの損益を，営業外収益・営業外費用として加算減算した結果が**経常利益**である。経常利益は，正常な営業活動と金融活動から規則的・反復的に生じる収益と費用によって算定されているため，企業の基本的な収益力を表す業績指標として重視されている。企業会計原則が1974年に改正される以前は，損益計算書の最終行に表示されたのはこの経常利益であり，当期の正常な業績を表す利益という意味で，**当期業績主義**による利益とよばれた。今ではこの用語もほとんど用いら

れなくなったが，日本の損益計算書には依然として経常利益が明示されている。米国基準や国際基準では，経常利益が算定表示されることはない。

個別企業の損益計算書は，営業活動や金融活動以外のその他の臨時的な取引や事象に伴う特別利益と特別損失を加算減算し，税金費用を控除して**当期純利益**を表示することによって完結する。これに対し連結損益計算書では，当期純利益から更に，「非支配株主に帰属する当期純利益」を減算することにより，最終行で「親会社株主に帰属する当期純利益」が示される。

このほか連結財務諸表では，当期純利益だけではなく包括利益もまた表示が求められていることは，前章で説明したとおりである。包括利益の表示方法としては，【図表5－6】に示す**二計算書方式**と**一計算書方式**からの自由選択が認められている。このうち圧倒的に多数の企業が実際に採用するのは二計算書方式である。二計算書方式では包括利益だけでなく当期純利益もまた別個の書面の最終行で明示されるのに対し，一計算書方式の最終行は包括利益になり，当期純利益は利益計算の途中で埋没して目立ちにくい。「その他の包括利益」の諸項目は，企業が影響を及ぼすことのできない市場での時価変動から生じるため，自己がコントロールできない包括利益だけが最終行で目立つことになる一計算書方式を，経営者が敬遠しているものと推測される。

【図表5－6】 包括利益計算書の様式

二計算書方式	
損　益　計　算　書	
売上高	XX, XXX
諸費用	XX, XXX
当期純利益	1,000

包　括　利　益　計　算　書	
当期純利益	1,000
その他の包括利益	
その他有価証券評価差額金　500	
繰延ヘッジ損益　　　　　　100	
その他の包括利益合計	600
包括利益	1,600

一計算書方式	
損益及び包括利益計算書	
売上高	XX, XXX
諸費用	XX, XXX
当期純利益	1,000
その他の包括利益	
その他有価証券評価差額金　500	
繰延ヘッジ損益　　　　　　100	
その他の包括利益合計	600
包括利益	1,600

5　株主資本等変動計算書

　株主資本等変動計算書は，複式簿記による利益測定の勘定体系とは直結しないが，2006年5月の会社法の施行に伴い，会社法でも金融商品取引法でも，貸借対照表や損益計算書と並ぶ正規の会計書類の1つとして作成と公表が要求されるようになった。計算書名に含まれる「等」とは，評価・換算差額等や新株予約権を意味しており，これに株主資本を加えたものが純資産であることから，この計算書は純資産を構成するすべての項目について期首から期末への変化を説明する純資産変動計算書であると考えればよい。

　この計算書の導入は，主として次の2つの理由による。第1に，会社法の施行により，株式会社は剰余金の配当をいつでも決定でき，また株主資本の内訳をいつでも変動させることができるようになった。第2に，上場会社どうしの持ち合い株式に代表されるような所定の有価証券の時価評価差額など，貸借対照表の純資産の部に計上される項目も増加した。このようにして純資産の変動の原因と頻度が増えたため，各項目の数値の連続性を把握しやすくする目的で，純資産の内訳項目が期首から期末へと変化した状況を説明する会計書類が不可欠になったのである。

　【図表5-7】は，貸借対照表および損益計算書との関係における株主資本等変動報告書の位置づけを図示したものである。まず最初に，損益計算書で算定された当期純利益が，株主資本等変動計算書で繰越利益剰余金の増加要因として継承される。これも含めて，株主資本等変動計算書の各項目の当期末残高が，そのまま貸借対照表の純資産の部に継承されて，3つの財務諸表が連携することになる。【図表5-7】では，3つの書面の相互関係を直感的に分かりやすくするために科目分類を簡略化しているが，実際に報告される企業別の株主資本等変動計算書では，純資産の各項目の詳細な内訳科目毎に，当期中の変動をもたらした取引の種類（たとえば新株発行，剰余金の配当，自己株式の取得と処分など）に区分して，期首残高から期末残高への変化が明らかにされることになる。

【図表５−７】 株主資本等変動計算書の位置づけ

損益計算書	
収益	×××
費用	×××
当期純利益	100

株主資本等変動計算書				
	資本金	資本剰余金	利益剰余金	
当期首残高	1,500	1,000	480	
当期変動額				
新株の発行	500	500		
剰余金の配当			△80	
当期純利益			100	
当期末残高	2,000	1,500	500	

貸借対照表	
	負債
資産	株主資本
	資本金　　　2,000
	資本剰余金　1,500
	利益剰余金　　500
	……

第6章 キャッシュ・フロー計算書

1 財務諸表の体系における位置づけ

　キャッシュ・フロー計算書は，4つの会計書類から構成される連結財務諸表の体系において，貸借対照表や損益計算書と同格に位置づけられており，株主資本等変動計算書に次いで，4番目に記載される主要な財務諸表の1つである。しかし次のようないくつかの理由により，その認知度は決して高くない。

　その第1の理由は，会社法の計算書類には含まれておらず，金融商品取引法に基づく企業内容開示制度の適用対象企業についてのみ作成と報告が求められていることである。しかも連結ベースで報告するのであれば，個別財務諸表として作成する必要はない。

　第2に，貸借対照表や損益計算書は長い歴史を有しており，その作成と報告が法律等で強制される遥か以前から，企業によって経営管理のために自発的に作成されてきた。これに対し，現行のキャッシュ・フロー計算書の報告が金融商品取引法のもとで要求されるようになったのは，2000年3月決算期からであり，約20年の歴史しか有していない。もちろん企業は，それ以前からも経営管理のために，資金繰り表や資金収支計算書などの名称のもとに収支に関する会計書類を作成していたが，それらは財務報告を目的としたものではなかった。

　第3に，金融商品取引法の適用対象企業が実際に公表するキャッシュ・フロー計算書の大部分は，貸借対照表と損益計算書の会計数値を基礎として，後述するような間接法で作成されているため，複式簿記とは無関係に作成されているような印象を与えがちである。すなわち貸借対照表と損益計算書こそが主要な財務諸表であり，キャッシュ・フロー計算書はそこから派生的に作成されて補足的に追加開示される附属明細表であるかのような，誤った位置づけで理解されるおそれが強いのである。

そこで本章では，複式簿記の記録体系の中でキャッシュ・フロー計算書が作成されるメカニズムを明らかにすることにより，キャッシュ・フロー計算書が損益計算書と対等に位置づけられることを例示する。そしてこの仮設計算例を出発点として，キャッシュ・フロー計算書をめぐる主要な論点，すなわち期待される機能，採用される資金概念，区分表示方法，直接法と間接法による作成などについて解説する。

2 複式簿記による作成

キャッシュ・フロー計算書は複式簿記の手法を通じては作成できないという見解がある。しかしその見解が誤りであることを明示し，併せて貸借対照表と損益計算書に対するキャッシュ・フロー計算書の位置づけを直感的に理解可能にする目的で，単純化された仮設計算例に基づいて，1組の財務諸表を作成する。

【図表6－1】として示すのは，1組の財務諸表を作成するための仮設計算例と各取引の仕訳である。また【図表6－2】は，仮設例に含まれる一連の取引を貸借対照表等式に従って分析し，勘定科目ごとに整理している。【図表6－2】の1行目が貸借対照表等式であり，2行目は資産・負債・資本の内訳を，この仮設例で登場する勘定科目に置きかえたものである。3行目以降の各行では，当期首における前期繰越の記録も含めて，当期中の取引が複式簿記の貸借平均の原理に従って記入されている。

【図表6－1】 仮設例の取引と仕訳

[設例] 事業主から1,000万円の現金出資を受けて前期末に設立された企業が，当期中に①銀行から200万円を借り入れ，②現金300万円を支払って仕入れた商品のうち，180万円分を250万円で掛け売りし，また③現金400万円を支払って備品を購入した。当期の減価償却費は40万円である。

取引	複式簿記の仕訳			
期首	(借)現 金	1,000	(貸)資 本 金	1,000
①	(借)現 金	200	(貸)借 入 金	200

②	(借)商　　　品	300	(貸)現　　　金	300
〃	(借)売　掛　金	250	(貸)売　　　上	250
〃	(借)売 上 原 価	180	(貸)商　　　品	180
③	(借)備　　　品	400	(貸)現　　　金	400
〃	(借)減価償却費	40	(貸)備　　　品	40

【図表6−2】 貸借対照表等式による取引の分析

取引	資　　　産				=	負　債	+ 資　本
	現　金	売掛金	商品	備品	=	借入金	資本金
期首	1,000				=		1,000
①	+200（銀行借入）				=	+200	
②	−300（商品仕入）		+300		=		
〃		+250			=		+250（売上高）
〃			−180		=		−180（売上原価）
③	−400（備品購入）			+400	=		
〃				−40	=		−40（減価償却）
期末	500	250	120	360	=	200	1,030

　ここで注目すべきは，損益計算書の勘定科目が資本金の列に記載されている点である。株主資本の内訳区分を要しない個人企業では，獲得された当期純利益は資本金の増殖額となり，［(借)損益／(貸)資本金］という帳簿決算仕訳を通じて，資本金に振り替えられるからである。この関係は，総勘定元帳から抜粋した**【図表6−3】**で示されている。

　これと同様にして，現金勘定の期中増減をもたらした項目を抽出して，新たに設定した「収支勘定」にそれを収容することができる。そして収支勘定の残高を帳簿決算仕訳の1つとして現金勘定へ振り替えるのである。損益勘定から損益計算書が作成され，収支勘定からキャッシュ・フロー計算書が作成されることはいうまでもない。

【図表6−3】 損益勘定と同様に新設した収支勘定

	損	益					収	支			
②	売上原価	180	②	売上高	250	①	借入金	200	②	商品	300
③	減価償却費	40				＊	現金	500	③	備品	400
＊	資本金	30									

	資	本	金				現	金			
	次期繰越 1,030			前期繰越 1,000			前期繰越 1,000		＊	収支	500
			＊	損益	30					次期繰越	500

3 キャッシュ・フロー計算書の機能

　【図表6−3】の収支勘定のデータを利用して作成したキャッシュ・フロー計算書は，【図表6−4】に示されている。このほか【図表6−4】では，仮設例の企業について作成した損益計算書と貸借対照表も併せて記載されている。これら1組の財務諸表から，キャッシュ・フロー計算書が決して補足的な追加書類ではなく，複式簿記の体系の中では損益計算書と対等に位置づけられる基本的な会計書類であることがわかる。

　本書の読者は「資本」という用語から何をイメージするだろうか。おそらく資産から負債を控除して算定される，企業の「純資産」という抽象的な概念としての資本を思い浮かべたに違いない。これは会計学を学んだ者が共通していだく資本のイメージである。しかし資本には会計学とはまったく無関係な人々が思い浮かべるであろうもう1つの概念がある。それは目で見たり手で触ったりできる「貨幣資本」である。

　【図表6−4】の期首の貸借対照表には，貨幣資本が借方に現金として示され，純資産としての資本が貸方に資本金という科目名で対置されている。現金と資本金は，企業の設立直後や解散直前も含めて，いかなる時点の貸借対照表にも必ず登場する最も基本的な勘定科目であり，この2つ以外にはそのような勘定科目は存在しない。

【図表6−4】 キャッシュ・フロー計算書の位置づけ

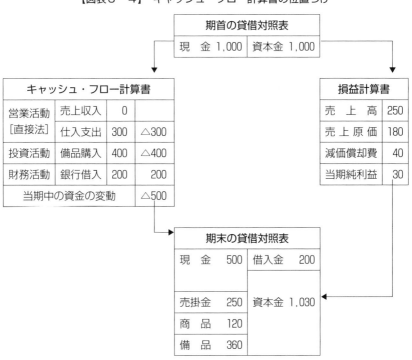

　純資産としての資本の期中変動は，資本取引に起因する部分を除いて，損益計算書によって計測され表示される。もう1つの資本概念である貨幣資本の期中変動を計測して表示しているのがキャッシュ・フロー計算書である。**【図表6−4】**に即していえば，純資産たる資本金が期首残高1,000から期末残高1,030へ増殖した理由を説明するのが損益計算書であり，貨幣資本たる現金が期首残高1,000から期末残高500へ変化した理由を説明するのがキャッシュ・フロー計算書である。したがってキャッシュ・フロー計算書は，複式簿記の体系の中で損益計算書と対等に位置づけられる会計書類である。

　このようなキャッシュ・フロー計算書の公表が金融商品取引法のもとで要求されるようになった背景には，損益計算書や貸借対照表の情報を所与としてもなお，キャッシュ・フロー計算書が有用な情報を追加的に提供するという期待

が存する。その具体的な意味は，【図表6－4】から次のように理解することができる。

【図表6－4】の損益計算書は当期純利益30が実現したことを示すが，当期純利益が計上されても，同額の手持ち資金が増えたわけではない。キャッシュ・フロー計算書はむしろ手持ちの現金が半減したことを明示して，損益計算書の利益額には資金的な裏づけがないことを教えている。このようにしてキャッシュ・フロー計算書は，資金的な裏づけの有無や程度という意味で，損益計算書に計上された「利益の品質」を評価するための追加情報を提供している。

他方，貸借対照表の情報に対してキャッシュ・フロー計算書が追加的に提供するのは，「資金繰り」の観点からみた企業の安全性（または倒産危険度）を評価するための追加情報である。短期的な企業の支払能力を評価するための1つの指標は，流動比率（＝流動資産÷流動比率）であるが，【図表6－4】の期末貸借対照表から算定される流動比率は，倒産の懸念が全くないと結論づけられるほど非常に高い。しかしキャッシュ・フロー計算書は当期と同じ状況がもう1期続けば，現金が底をつき資金繰りからみた企業の支払能力に問題が生じることを示している。

このことから損益計算書や貸借対照表を所与として，キャッシュ・フロー計算書に期待される機能は，損益計算書に対しては資金的な裏づけの意味での利益の品質を評価するための情報提供であり，貸借対照表に対しては資金繰りの観点からみた債務返済能力を評価するための情報提供であるといえる。

4 キャッシュ・フロー計算書の基礎概念

これまでの設例では，直感的な理解を可能にするために，非常に単純化されたキャッシュ・フロー計算書を示してきた。しかし現実に公表されるキャッシュ・フロー計算書を理解するには，1998年に企業会計審議会が公表した「連結キャッシュ・フロー計算書等の作成基準」の規定に従い，次に示すいくつかの基礎概念に関する知識が必要である。

(1) 資金概念

　キャッシュ・フロー計算書は資金情報の1種であるが，資金の概念には，流動資産から流動負債を除して算定される運転資本をもって資金とみる考え方をはじめとして，さまざまな考え方が存在する。このうち会計基準が規定するキャッシュ・フロー計算書における資金の範囲は，現金および現金同等物に限定されている。

　ここでいう現金には，手許現金（cash on hand）だけでなく，当座預金・普通預金・通知預金などの要求払い預金（cash in bank）も含まれる。また現金同等物とは，容易に換金することができ，かつ価値の変動について僅少なリスクしか負わない短期投資をいう。たとえば取得日から満期日までの期間が3ヶ月以内の短期投資である定期預金がその典型的な例である。株式等は価格変動リスクが高いから，たとえ短期利殖目的で保有する市場性のある銘柄でも，資金の範囲には含まれない。

(2) 区分表示

　損益計算書が収益・費用を区分して利益を段階的に計算する方法により，企業の経営成績を明瞭に表示するための工夫を行っているのとちょうど同様に，企業の資金の変動状況をキャッシュ・フロー計算書がよりいっそう適切に表示するには，企業活動の分類に応じて記載項目を区分表示するのが有効である。この目的のために，企業の経済活動は①営業活動（operating），②投資活動（investing），および③財務活動（financing）に3区分され，各区分ごとに算定された収支尻の金額は，それぞれ「営業（または投資・財務）活動からのキャッシュ・フロー」として表示される。

　①営業活動は，企業が主として営む事業に関連する活動であり，売上収入や商品・原材料の仕入支出，人件費や販売費・管理費の支出が中心となる。会社に課される法人税等の税金費用もこの区分に掲載する。②投資活動は，設備投資・証券投資・融資の3つから構成される。これらはいずれも調達資金を各種の資産に投下する活動に関係しており，なかでも有形固定資産への資本的支出

は金額的にも重要である。最後に③財務活動は，資金の調達（銀行借入，社債発行，新株発行など）と返済（借入返済，社債償還など）から成る。

利子や配当については，(a)受取利息・受取配当金・支払利息を営業活動に区分し，支払配当金を財務活動に区分する方法と，(b)受取利息・受取配当金を投資活動に区分し，支払利息・支払配当金を財務活動に区分する2通りの方法が認められているが，圧倒的に多数の企業が採用する方法は(a)である。

(a)は損益計算書での利益計算における利子・配当の取扱と対応しており，「営業活動からのキャッシュ・フロー」を経常利益や当期純利益と対比して，利益の品質を評価するのに役立つ。これに対して(b)は，利子・配当と元金の記載区分を整合させている。

(3) 直接法と間接法

キャッシュ・フロー計算書の3区分のうち，営業活動の区分の作成と表示の方法には，直接法と間接法の2通りがある。投資活動と財務活動の区分については，直接法だけが存在する。

直接法は，1期間中の収入と支出の総額を記載し，その差額として資金の増減を直接的に明らかにする方法である。【図表6－4】のキャッシュ・フロー計算書は直接法によるものであり，企業の収支を総額で表示するのが長所である。他方，間接法の場合は，損益計算書の当期純利益（株式会社の場合は税金等調整前当期純利益）に所定の調整を加えることにより，期中の資金変化額が間接的に明らかにされる（【図表6－7】参照）。この方法は，当期純利益とキャッシュ・フローの関係を明示する点で優れている。

このため直接法と間接法は，ともに妥当な作成・表示の方法として是認されており，企業はいずれかの方法を選択することができる。しかし現実に大部分の企業が選択するのは間接法である。

5 直接法による作成

直接法では収入と支出を総額で表示するが，収入と支出を把握する基礎は，

損益計算書の収益と費用である。ただし収益から収入を導出し，費用から支出を導出するには，収益と費用を出発点としたうえで，収益と収入の食い違い分，および費用と支出の食い違い分について調整を行わなければならない。そのような食い違い分は，期首から期末への貸借対照表項目の金額の変化分となって現れる。たとえば売上収益のうち未回収額が売掛金の増加となることを利用して，売上高から売掛金の期中増加額を控除することにより，売上収入を算出するのである。【図表6-5】がその過程を示している。

【図表6-5】 直接法によるキャッシュ・フロー計算書の作成表

比較貸借対照表	(借方)	(貸方)	修正記入				キャッシュ・フロー計算書	
							(支 出)	(収 入)
現　　　金		500	※	500				
売　掛　金	250				ア	250		
商　　　品	120				イ	120		
備　　　品	360		ウ	40	エ	400		
借　入　金		200	オ	200				
資　本　金		30	カ	30				
合　　　計	730	730						
損　益　計　算　書								
売　　　上		250	ア	250				
売上原価	180		イ	120			300	
減価償却費	40				ウ	40		
当期純利益	30				カ	30		
合　　　計	250	250						
備品の購入			エ	400			400	
借入金の収入					オ	200		200
資金の変化					※	500		500
合　　　計			1,540		1,540		700	700

　【図表6-5】の作成表を利用すれば，次の手順で直接法のキャッシュ・フロー計算書を作成することができる。①期首と期末の貸借対照表を比較して各勘定科目の期中変化額を把握する。このそれぞれが収益・費用を収入・支出へ変換するための調整項目となる。②現金以外の各項目の変化額を，関連の損益計算書項目へ振り替える。たとえば売掛金は売上高と関連し，商品は売上原価

と関連し，備品の減少額は減価償却費と関連する。損益計算書に関連項目がなければ，収支の項目を新設する（備品購入と銀行借入）。③損益計算書の各項目について，比較貸借対照表から振り替えられてきた調整額を加減算して，キャッシュ・フロー計算書に記載する収入・支出額を算定する。④現金の変化額も同様に振り替えて（【図表6－5】の※），修正記入欄の合計額の貸借一致を確認する。

6　間接法による作成

　間接法は，発生主義会計の当期純利益を出発点として，収益と収入の食い違い分，および費用と支出の食い違い分を調整することにより，発生主義の利益額を現金主義の収支差額へと変換して，キャッシュ・フロー計算書を作成する方法である。その作成過程が【図表6－6】で例示されている。

　この原理は，前掲の仮設例のデータを利用して，貸借対照表等式を次のように展開することにより，容易に理解することができる。前述の資金概念の構成項目のうち，仮設例で登場するのは現金だけであるから，貸借対照表等式の資産は，資金たる現金とその他の資産に二分される。

　　　現金＋その他の資産＝負債＋資本

　貸借対照表等式は残高だけでなく，⊿で表記した期中変化額についても成立する。

　　　⊿現金＝－⊿その他の資産＋⊿負債＋⊿資本

　これを【図表6－4】に登場する項目名で表現し直せば次のとおりである。右辺の各項目の勘定科目名と符号が，【図表6－6】の比較貸借対照表の項目および貸借と合致していることがわかる。

　　　⊿現金＝－⊿売掛金－⊿商品－⊿備品＋⊿借入金＋⊿資本金

　ここで[⊿備品＝備品購入支出－減価償却費]と[⊿資本金＝当期純利益]を代入する。

　　　⊿現金＝－⊿売掛金－⊿商品－（備品購入支出－減価償却費）＋⊿借入金
　　　　　　＋当期純利益

第6章 | キャッシュ・フロー計算書

最後に、右辺の項目を、営業活動・投資活動・財務活動の順に並べ替えれば、【図表6-6】が示す間接法のキャッシュ・フロー計算書の構成項目が、右辺にそのまま登場する。

⊿現金＝当期純利益＋減価償却費－⊿売掛金－⊿商品－備品購入支出
　　　　＋⊿借入金

等式の左辺は、直接法による作成原理（【図表6-3】の収支勘定）を示し、右辺は間接法の作成原理を示すが、直接法と間接法が結果的に同額の収支尻を算定するのは、これが貸借対照表等式から導かれたものであることに起因することがわかる。

【図表6-6】　間接法によるキャッシュ・フロー計算書の作成表

比較貸借対照表	（借方）	（貸方）	修正記入			
現　　金		500	※	500		
売　掛　金	250				ア	250
商　　品	120				イ	120
備　　品	360		ウ	40	エ	400
借　入　金		200	オ	200		
資　本　金		30	カ	30		
合　計	730	730				
キャッシュ・フロー計算書			（資金減少）		（資金増加）	
営業活動						
当期純利益					カ	30
減価償却費					ウ	40
売掛金の増加			ア	250		
商品の増加			イ	120		
投資活動						
備品の購入			エ	400		
財務活動						
借入金の収入					オ	200
資金の変化					※	500
合　計				1,540		1,540

【図表6-6】の作成表を利用すれば、次の手順で間接法のキャッシュ・フロー計算書を作成することができる。①直接法の場合と同様に、期首から期末

69

への比較貸借対照表を作成する。②現金以外の各項目の変化額を，前述の等式に従い，営業・投資・財務の各活動に区分して，キャッシュ・フロー計算書に振り替える。③現金の変化額も同様に振り替えて（【図表６－６】の※），修正記入欄の合計額の貸借一致を確認する。④最後に，これらのデータを間接法の標準的な書式に従い，【図表６－７】のように表示する。

【図表６－７】 間接法のキャッシュ・フロー計算書の表示

営業活動によるキャッシュ・フロー	
当期純利益	30
減価償却費	40
売上債権の増減額（△は増加）	△250
棚卸資産の増減額（△は増加）	△120
営業活動によるキャッシュ・フロー	△300
投資活動によるキャッシュ・フロー	
有形固定資産の取得による支出	△400
営業活動によるキャッシュ・フロー	△400
財務活動によるキャッシュ・フロー	
借入金による収入	200
財務活動によるキャッシュ・フロー	200
現金及び現金同等物の増減額（△は減少）	△500
現金及び現金同等物の期首残高	1,000
現金及び現金同等物の期末残高	500

第7章 有価証券の時価会計

1　有価証券会計の2つの特徴

　有価証券の会計には，他の資産とは異なる，次の2つの特徴がある。

　その第1は，有価証券という資産が売買によって発生したり消滅したりする時点を決定する基準として，売買契約締結日に取引を記録する**約定日基準**で会計処理するのが原則とされている点である。会計学には「簿記上の取引」という用語があり，日常用語で取引と称していても，通常の商品やサービスの生産・販売に関しては，単に契約を締結しただけでは取引として会計処理せず，商品やサービスの受渡日に初めて仕訳を行う。これに対し有価証券については，**修正受渡日基準**（有価証券の移転は受渡日に仕訳するが，契約締結日から決算日までの時価変動による損益だけを先に認識する会計処理）も認められるが，あくまで原則は約定日基準である。

　第2に，すべてではないにしても有価証券の多くは，財やサービスの生産と販売のために保有さる事業用資産ではなく，余剰資金の運用として保有される金融資産としての性質を有するため，期末の資産評価基準として時価評価が求められることも特徴である。本書の第4章でも説明したように，事業用資産の保有目的は時価変動による利益獲得ではなく，転売してしまえば事業活動に支障を来し，意図した資産利用からの将来の成果の予測には大きな不確実性が伴う。したがって事業用資産は，それを利用して生産した財やサービスが市場での販売を通じて意図した成果が実現するまで，取得原価で評価するのが合理的である。

　これに対し，余剰資金を運用して保有する金融資産の顕著な特徴は，誰にとっても市場価格に等しいだけの価値を有しており，事業活動に支障を来すことなく市場価格での容易な売却が可能であり，市場での売却以外に投資目的を

達成する方法もない。したがってこのような金融資産は、市場価格を中心とした時価で評価するのが適切と考えられているのである。

本章では、有価証券の期末評価基準として広く採用されている時価会計について説明する。そのために現行の日本基準の規定内容とその根拠を概説したうえで、評価基準とされる時価ないし公正価値の概念について考察するとともに、国際会計基準との異同点についても併せて検討する。

2　有価証券の期末評価基準

有価証券に関する会計を規定する日本の会計ルールは、企業会計基準第10号「金融商品に関する会計基準」（最終改正2008年）である。このほか日本公認会計士協会・会計制度委員会報告第14号「金融商品会計に関する実務指針」（最終改正2016年）も、有価証券に関連する取引の会計処理について、企業会計基準第10号を補完し、個別的・具体的な問題について詳細な取扱を明示したルールとして有効に機能している。

【図表7-1】に示すのは、企業会計基準第10号が規定する有価証券の期末評価基準とそれに関連する会計処理の規定を要約したものである。この規定の特徴は、企業が保有する有価証券をその保有目的に基づいて4つに区分し（①売買目的の有価証券、②満期保有目的の債券、③子会社株式・関連会社株式、④その他有価証券）、区分ごとの会計処理を規定している点にある。

ただし、期末評価基準とそれによって生じた評価差額の取扱に着目すれば、会計処理の視点から有価証券は3つのグループに大別できる。第1群では、時価評価が行われ、生じた時価評価差額は当期純利益の計算に含められる。第2群は、資産評価基準として原価（具体的には取得原価または償却原価）を採用する有価証券である。第3群の有価証券は時価評価される点で第1群と同じであるが、時価評価差額の全額または評価増された額が当期純利益の計算要素ではなく、純資産の構成要素（個別財務諸表の場合）または「その他の包括利益」（連結財務諸表の場合）として取り扱われる点で相違する。以下ではまず、有価証券の種類別に規定されたこのような会計処理の根拠について検討する。

【図表7-1】 有価証券の期末評価基準

		期末評価	評価差額の取扱	減損処理
第1群	① 売買目的有価証券（時価変動からの利益獲得を目的に保有する市場性のある有価証券）	時価	当期純利益の計算に含める	（不要）
第2群	② 満期保有目的の債券（満期まで所有する意図で保有する社債等の債券）	償却原価	償却原価法による増減額分は当期純利益の計算に含める。取得原価での評価は差額なし。	時価が把握可能→時価まで評価減　時価が把握困難→債券は貸倒引当金を設定，債券以外は実質価額まで評価減
第2群	③ 子会社株式・関連会社株式	取得原価		
第2群	④ その他有価証券（上記の①～③以外）で，時価を把握することが極めて困難と認められるもの	株式は取得原価，債券は償却原価		
第3群	④ その他有価証券（上記の①～③以外）で，時価を把握できるもの	時価	全額または評価増となる額のみ，純資産に直入（個別），その他の包括利益に計上（連結）	時価まで評価減

3　保有目的別の会計処理

(1) 売買目的有価証券

　期末に時価評価を行うとともに，生じた評価差額を**有価証券運用損益**として損益計算書の営業外収益に計上することにより，当期純利益の算定に含める会計処理の対象になるのは，売買目的有価証券である。売買目的有価証券とは，企業が時価変動からの利益獲得を目的に保有している市場性のある有価証券をいう。

　この有価証券は，余剰資金を運用した金融資産として，典型的な特徴を有する。すなわち，市場価格こそが投資目的からみた資産の価値であり，事業活動への支障なしに市場価格での容易な売却が可能であり，市場での売却以外に投資目的の達成手段は存在しない。したがって理念的にも実践的にも，時価（売

却時点の市場価格）で評価し，評価差額を当期純利益に算入することに異論はないであろう。また，評価差額の利益算入からみれば，この時価評価額を翌期首にも引き継ぎ，元の取得原価への復元を行わない**切放し方式**が適するが，会計基準上は，翌期首の逆仕訳を通じて元の取得原価への復元を行う**洗い替え方式**の採用も認められている。

　売買目的有価証券は時価変動を利用した短期利殖を目的とするがゆえに，流動資産に有価証券という勘定科目名で掲載されるが，保有する有価証券を売買目的有価証券として資産計上している企業は極めて少ない。これには「金融商品に関する実務指針」第65項の次の規定が大きな影響を及ぼしているものと思われる。「一般に，企業が保有する有価証券を売買目的有価証券として分類するためには，有価証券の売買を業としていることが定款の上から明らかであり，かつ，トレーディング業務を日常的に遂行し得る人材から構成された独立の専門部署によって売買目的有価証券が保管・運用されていることが望ましい」という規定がそれである。企業はこの規定を根拠として，余剰資金の運用目的で保有する有価証券であっても，売買目的有価証券に含めないことにより，時価変動差額を当期純利益の計算から排除して，利益の変動性を抑制することを選好しているのかもしれない。

(2) 満期保有目的の債券

　満期まで所有する意図をもって保有する社債その他の債券は，たとえ途中で時価が変化しても売却しないから，時価を反映させる必要はなく，貸借対照表には取得原価で資産計上する。しかし債券の利子率が市場利子率より低ければ（高ければ），額面価額を下回る割引発行（上回る打歩発行）により，その分だけ取得原価は額面金額と相違する。ただし債券の償還日には額面金額を受け取ることになるので，取得原価と額面金額の差額が金利調整の性質をもつ場合には，その差額を償還期まで毎期一定の方法で，逐次，貸借対照表価額に加算または減算する会計処理を行う。

　この会計処理を**償却原価法**という。償却原価法によって差額を調整する具体

的な方法には，(a)実効利子率による複利計算を前提とした**利息法**と，(b)毎期均等額ずつ差額を配分する**定額法**がある。このうち利息法を採用するのが原則であるが，継続適用を条件として定額法を採用することもできる。償却原価法の適用によって配分された増額分または減額分は，利払日に受取る利息とあわせて，有価証券利息として損益計算書の営業外収益に計上する。

(3) 子会社株式・関連会社株式

　子会社株式と関連会社株式は，親会社が遂行するグループ経営の一環として，これらの企業の支配や影響力の行使を目的として保有するものであるから，外形上は金融資産であっても，実質的な性質は事業用資産である。したがって原材料や機械装置と同様に，子会社と関連会社の株式は個別財務諸表において取得原価で評価される。

(4) その他有価証券

　企業が保有する有価証券で，前述のどの区分にも属さないものは「その他有価証券」とよばれる。子会社や関連会社ほど持株比率は高くないが，事業上の関係を深めるために相手企業と相互に保有しあっている「持ち合い株式」がその典型例である。これらの有価証券の中には，時価の把握が可能なものと，それが極めて困難なものがある。時価の把握が可能な有価証券には，市場の取引価格または気配や指標などの相場があるものだけでなく，将来のキャッシュフローが約定されていて，割引現在価値により時価を合理的に算定できる債券等が含まれる。

　しかし時価の把握が極めて困難と認められる株式は，取得原価で評価せざるを得ない。他方，時価の把握が可能な有価証券は，時価で貸借対照表に計上する。これらは売却しさえすれば時価変動からの利益を実際に現金で入手できるため，その事実を貸借対照表に反映させるのである。ただし持ち合い株式が典型的にそうであるように，これらの換金には制約があり，実際に売却されることは稀である。このため日本の会計基準は，その他有価証券が実際に売却され

るまでの時価評価差額の取扱について，個別財務諸表と連結財務諸表を区別して，それぞれ次のような会計処理を求めている。

まず個別財務諸表では，期中に生じた時価評価差額を損益計算書に含めることなく，個別貸借対照表の純資産の部の「評価・換算差額等」の1項目として，「**その他有価証券評価差額金**」という名称で直接的に計上する。この会計処理を**純資産直入**といい，これには全部純資産直入法および部分純資産直入法という2通りの方法のうちから，継続適用を条件としていずれかを選択することが認められている。

全部純資産直入法は，銘柄別の評価差益と評価差損を相殺した残額を，貸借対照表の純資産の部に計上する方法である。これに対し**部分純資産直入法**は，評価差益は純資産の部に計上するが，評価差損は当期の損失として損益計算書での純利益の計算に含める方法であり，保守主義の原則に合致している。これら2通りのいずれを採用する場合でも，期末に計上した評価差額を翌期首に戻し入れて元の帳簿価額を復元する洗い替え方式が適用される。

他方，連結財務諸表では，期中に生じた時価評価差額を損益計算書に含めない点は個別財務諸表の場合と同じであるが，時価評価差額は**その他の包括利益**の1項目として包括利益計算書に計上される。そしてこの有価証券の売却等により時価評価差額が実現したときには，その他の包括利益から控除して，投資有価証券売却損益などの項目名で，損益計算書の純利益計算に含めなければならない。未実現の時価評価差額を実現時に売却損益に振り替えるこの会計処理を，**組替調整**（リサイクリング）という。

連結財務諸表で，純資産直入ではなく包括利益への計上が行われ，また実現時に組替調整が必要とされる理由は，第3章ですでに説明したところである。

4 減損処理

前節で説明した会計処理を行っただけでは，たとえ有価証券の価値に重要な下落が生じていても，損益計算書に評価損が計上されないという問題を生じるケースが存在する。【図表7－1】の第2群に属するものとして取得原価や償

却原価で評価された有価証券，および第3群のうち全部純資産直入法が適用されている有価証券がそれである。これらの有価証券についても，後述の2つの場合には評価損を認識して損益計算書に計上しなければならない。日本公認会計士協会が定めた「金融商品会計に関する実務指針」は，これを有価証券の**減損処理**とよんでいる。

減損処理の対象となるのは，(a)時価の把握が可能な有価証券について，その時価が著しく下落し，回復する見込みがあると認められる場合以外，および(b)時価の把握が極めて困難と認められる株式について，発行会社の財政状態の悪化により，実質価額が著しく低下した場合である。これらの場合は，有価証券の貸借対照表価額をそれぞれ時価および実質価額まで切り下げて，評価差額を当期の損失として，当期純利益の計算に含めなければならない。

なお，株式の実質価額は通常，その株式の発行会社の1株当たり純資産額に基づいて評価する。また時価または実質価額の下落の程度が著しいか否かについて，「金融商品会計に関する実務指針」第91・92項は，次の基準を提示している。銘柄別の下落率が30％未満であれば，著しい下落に該当しない。下落率が30％以上50％未満であれば，各企業が独自に設けた基準に従い，著しい下落に該当するか否かを判断する。下落率が50％以上であれば著しい下落に該当し，回復可能性がなければ減損処理を行うという規定がそれである。

減損処理が行われた有価証券は，時価または実質価額に回復の見込みがないから，減額した評価額を復元させる余地はなく，切放し方式で会計処理する。

5　時価の把握

企業会計基準第10号は，金融商品会計で採用される時価の意味を次のように規定している。「時価とは公正な評価額をいい，市場において形成されている取引価格，気配又は指標その他の相場（以下，「市場価格」という）に基づく価額をいう。市場価格がない場合には合理的に算定された価額を公正な評価額とする」（第6項）。

また，有価証券その他の所定項目に適用される時価ないし公正価値について

は，企業会計基準委員会が「時価の算定に関する会計基準（案）」と題して2019年1月に公表した公開草案が，時価の概念や算定方法を明確化しようとしている。この公開草案は，アメリカの基準書第157号「公正価値測定」（2006年）や国際財務報告基準第13号「公正価値測定」（2011年）に反映された国際的にも通用する基礎概念を織り込んで提示されたものである。

そこでは**時価**とは，算定日において市場参加者間で秩序ある取引が行われた場合に，資産の売却によって受け取るであろう価格，または負債の移転のために支払うであろう価格（**出口価格**）と定義されている。したがって時価と公正価値の間に実質的な差異はなく，日本の会計基準では時価という用語が広く用いられることから，この公開草案でも時価という用語が用いられている。

その時価は，市場価格の参照から評価モデルに基づく算定まで，適切な評価技法を用いて決定するが，優先順位つきで次の3つのレベルに分類される。最優先で採用すべきレベル1は，測定日において企業が入手できる活発な市場での同一資産・負債の公表価格である。これに次ぐレベル2は，レベル1の公表価格以外で，直接または間接的に観察可能な評価額をいい，類似項目の公表価格や，気配または指標など観察可能な市場データで裏付けられる価額が含まれる。他方，レベル3は，観察可能な市場データは入手できないが，入手できる最良の情報に基づいて設定された，市場参加者が価格設定に用いるであろう仮定を反映した評価額である。たとえば合理的に算定された将来キャッシュフローの割引現在価値がこれに該当する。

6　国際基準との比較

(1)　IFRS 9号の制定とその概要

日本の現行基準である企業会計基準第10号は，1999年に企業会計審議会が制定した「金融商品に係る会計基準」を，2006年に企業会計基準委員会が継承して改編したものであり，必要な改正を経て現状に至っている。この会計基準もまた，当時の国際的な基準の影響を強く受けたものの1つである。なかでもアメリカの財務会計基準書第115号「負債及び持分証券への投資の会計」（1993

年)と国際会計基準第39号「金融商品:認識と測定」(1998年)の影響が大きく,現行の日本基準はこれらの国際基準との整合性を重視して制定されている。

しかし2008年9月のリーマン・ブラザースの倒産に端を発する世界的な金融危機の発生を直接的な契機として,金融商品会計の国際的な基準についても必要な改正が検討された。その結果として2014年7月にようやく公表されたのが,国際財務報告基準(IFRS)第9号「金融商品」である。この新基準は,早期適用の許容期間を経て,2018年1月以後に開始する事業年度から適用されている。以下では,この新基準のうち企業が資産として保有する有価証券の会計処理に関連する認識と測定について,現行の日本基準と比較しつつ,規定内容を概説する。

IFRS第9号が,株式や債券などの金融商品に関し,後述の条件に基づいて分類した種類別に規定する会計処理は,次の3通りである。(a)償却原価法の適用,(b)公正価値で測定し,評価差額を「その他の包括利益」に計上する処理(FVOCI:fair value through other comprehensive income),および(c)公正価値で測定し,評価差額を当期純利益の計算に含める処理(FVPL:fair value through profit or loss)がそれである。

日本基準ではこれ以外に,【図表7-1】で示したように,①個別財務諸表における子会社株式と関連会社株式,および②「その他有価証券」のうち時価の把握が極めて困難と認められる株式について,取得原価による評価が規定されている。しかし,子会社株式は連結財務諸表では相殺消去され,関連会社株式には国際会計基準(IAS)第28号が適用されて,持分法による会計処理が行われる。また非上場の株式等で,時価の把握が極めて困難なものについても,公正価値による評価が求められるから,IFRS第9号には取得原価による評価の規定は存在しない。

(2) IFRS9号の会計処理

IFRS第9号のもとで,ある有価証券が前述の(a)(b)(c)の会計処理のうちの,どの方法の適用グループに属することになるかは,①その有価証券がもたらす

「キャッシュフローの特性」と，②その有価証券について会社が採用する「事業モデル」に基づいて決定される。

　会計処理方法として(a)の償却原価法の適用対象となるのは，①その金融資産からの契約上のキャッシュフローが元本と利息のみから構成されており，かつ②会社がその資産について採用する事業モデルが，契約上のキャッシュフローを回収することである金融商品だけである。①の要件を満たす金融資産には，預金・売上債権・貸付金などのほか，普通社債も含まれるが，転換社債や新株予約権付社債はこの要件を満たさない。②の要件は，その金融資産について最終的にも売却が予定されていないことを意味する。日本基準が規定する満期保有目的の債券は，これら２つの条件を満たしている。

　他方，契約上のキャッシュフローが元本と利息のみから構成されている金融資産でも，会社の事業モデルがキャッシュフローの回収だけでなく，売却をも目的として想定する場合は，(b)の会計処理方法（FVOCI：公正価値で評価し差額をその他の包括利益に計上）の適用対象となる。この方法によるとき，債券からの受取利息や貸倒損失および外貨建による為替差損益は当期純利益に含められ，これら以外の損益（公正価値の変動による評価差額を含む）は「その他の包括利益」に計上され，売却によってそれが実現したら，組替調整によって当期純利益の計算に含められる。その他の包括利益のリサイクリングを行う点で，この会計処理は日本基準と類似している。

　このようにして(a)と(b)の会計処理の適用対象が決まると，それ以外の金融商品についてはすべて(c)の会計処理方法（FVPL：公正価値で評価し差額を当期純利益に計上）が適用される。それだけでなく，前述の(a)や(b)に該当するものでも，所定の条件（たとえば現実に公正価値ベースでの資産管理と内部報告の実施）が満たされる場合は，企業の選択により，金融商品の当初認識時に(c)の会計処理を行うものとして指定することが許容されている。これを「公正価値オプション」という。

　公正価値での評価と評価差額を当期純利益に計上する(c)の会計処理が最も相応しいのは，日本基準における売買目的有価証券である。しかし，株式につい

てその契約上のキャッシュフローが元本と利子だけから構成されているという要件が満たされることはないから，IFRS第9号のもとでは，企業が株式を保有する目的（株式の持ち合いを含む）や公正価値の測定の困難性（たとえば非上場株式）に関わらず，すべての株式が原則として(c)の会計処理の適用対象となる。

しかし日本の上場会社どうしの持ち合い株式がそうであるように，転売の予定がほとんどない株式についてまで，公正価値の変動差額を当期純利益の計算に含めるのは，不適切であるといわざるを得ない。そこでIFRS第9号は，そのような株式について，会社が当初認識時の選択（事後的な取消は不能）により，公正価値の変動差額を当期純利益ではなく「その他の包括利益」に計上するという第4の会計処理方法(d)の採用を許容している。これを「OCIオプション」という。

会計処理方法(d)は多くの点で前述の(b)の方法と共通するが，重要な1点で相違する。その他の包括利益に計上された公正価値の変動差額が，その有価証券の転売などによって実現した場合，(b)では当期純利益への組替調整を行うのに対し，(d)ではそのような組替調整が禁止されている。また減損損失が生じても，それが当期純利益の計算に含められることはなく，その他の包括利益として計上される。この2点で(d)の会計処理は，日本の上場会社間での持ち合い株式に代表されるような，時価の把握が可能な「その他有価証券」について，日本基準が規定する連結上の会計処理とは相違している。

第8章 デリバティブとヘッジ会計

1　デリバティブの意味と種類

　企業の経済的な意思決定の多くは，将来の市場動向を予想して行われるが，その予想が結果的に大きく外れてしまう危険が常につきまとっている。なかでも予想が不利な方向に外れて多額の損失を被ることへの懸念は強い。

　たとえば使用する原材料の想定外の価格高騰や，生産した製品の市場価格の下落は言うに及ばず，余剰資金を株式や債券で運用する場合も，時価の低下で損失を被る可能性（市場リスク）が常に存在する。ほかにも企業は，借入金や預金の利子率の変動による金利リスク，および輸出入に関連する外国為替レートの変動による為替リスクなど，さまざまなリスクにさらされている。

　しかし企業には，これらのリスクの多くを回避したり，逆にリスクを積極的に負担して利益を獲得するチャンスを得るための手段が存在する。それがデリバティブと総称される金融取引である。**デリバティブ**（derivative）とは，もともと派生物という意味であり，商品や有価証券などの伝統的な資産から派生してきた新しい金融取引をいう。

　これらのデリバティブには多くの種類がある。第1に，派生の基礎となった伝統的な資産（原資産という）が何であるかにより，株式・債券・金利・外国通貨・商品に関するものに5分類される。また取引がもつ経済機能の観点から，先物取引・オプション取引・スワップ取引の3類型に分類される。したがって5種類の原資産と3類型の取引契約の積として，論理的には15通りのデリバティブを考えることができる（後掲の【図表8−2】参照）。

　このうち本章では，商品や債券の先物取引を例示として用いつつ，デリバティブ取引の会計処理について概説する。なお企業活動のグローバル化に伴って，外貨建取引に起因する為替リスクの重要性がますます高まりつつあるが，

為替リスクを軽減するためのデリバティブとその会計処理については，第10章で考察する。

2 ヘッジと投機

　デリバティブの典型的な利用目的はリスクのヘッジである。ここに**ヘッジ**（hedge）とは，原資産に関する取引から被るおそれのある損失に対応して，的確に選択されたデリバティブの取引を同時に締結しておくことにより，原資産の取引から生じる損益をデリバティブから生じる損益によって相殺することをいう。

　その仕組を，単純化された次の［設例1］で解説する。ここでの原資産は商品（具体的には小豆という穀物）であり，利用するデリバティブは先物取引である。ただし設例では，小豆の先物取引に関する現実の制度的な各種の規制は捨象して示している。

　和菓子屋にとって小豆は不可欠の原材料であるが，国内では9割以上が北海道で生産されており，春の種まきから秋の収穫までの天候が収穫量に大きく影響する結果，値動きの激しい原材料である。したがって和菓子屋は，小豆の市場価格の激変に業績が翻弄されることがないように，安定した価格で原材料を確保したいと望むであろう。

　［設例1］　和菓子の生産と販売を営むX社は，小豆の原材料費のほか人件費1,200の費用を負担して，売上高3,000を達成している。同社は小豆の価格変動が業績に及ぼす影響を回避するため，春のうちに，秋に収穫される小豆の取引価格を1kg＝1,000として約束しておき，秋に実際の小豆の価格がいくらになっていようとも，約束どおりの価格で買取る契約（先物取引）を締結した。
　（ケースA）　生産地の不作により，秋に価格が1kg＝1,500になった。
　（ケースB）　生産地の豊作により，秋に価格が1kg＝700になった。

　この先物取引を記録するために考え得る仕訳と，ケースAおよびBの帰結が

生じた場合のＸ社の損益計算書は，【図表８－１】に示すとおりである。

【図表８－１】　先物取引の会計記録と利益計算

取引の仕訳	契約時	（借）小豆を受取る権利　　1,000	（貸）未　払　金　　1,000
	ケースA	（借）小豆を受取る権利[B／S] 500 　　　（デリバティブの正味債権）	（貸）先物取引の利益[P／L]　500
	ケースB	（借）先物取引の損失[P／L]　300	（貸）小豆を受取る権利[B／S] 300 　　　（デリバティブの正味債務）
利益計算		ケースAの損益計算書 売　上　高　　3,000 材　料　費　　1,500 人　件　費　　1,200 営　業　利　益　　　300 先　物　利　益　　　500 当期純利益　　　800	ケースBの損益計算書 売　上　高　　3,000 材　料　費　　　700 人　件　費　　1,200 営　業　利　益　　1,100 先　物　損　失　　　300 当期純利益　　　800

先物取引とは，原資産（設例では小豆）を将来に受渡しするときの価格を前もって現時点で契約しておく取引をいい，この契約には買う約束（買い建て）と売る約束（売り建て）の２通りがある。小豆を原材料として使用する企業が，不作による将来の価格暴騰を懸念するのであれば，価格が上昇する前の十分に安価な時期に，設例のＸ社のように所定の価格で買う約束（買い建て）をしておかなければならない。

【図表８－１】の契約時の会計記録は，価格1,000での買い建て契約により，Ｘ社が小豆を受取る権利（借方）を獲得するとともに，代金の支払義務（貸方）を負ったことを明らかにしている。ここで明確に認識する必要があるのは，貸方の未払金の額が契約で固定されているのに対し，借方の権利を行使して受取る小豆の評価額は，時価の変動に起因して変化することである。

【図表８－１】には，時価変動の結果，小豆の時価が1,500に上昇したケースＡでは，借方の権利の評価が500だけ増額されるとともに，同額だけ貸方に先

物取引の利益が認識されること，逆に，小豆の時価が700に低下したケースB
では，権利の評価が300だけ減額され，同額だけ借方に先物取引の損失が計上
されることが，併せて仕訳で示されている。これを反映した損益計算書は，
【図表8－1】の下半分に付記したとおりである。

これらの損益計算書は，小豆が不作で値上がりした場合に，材料費の高騰で
営業利益が減少するが，先物取引の利益により所定の当期純利益を確保できる
こと，逆に，小豆が豊作で値下がりした場合には，材料費の削減により営業利
益が増加するが，先物取引から損失が生じるため，当期純利益は影響を受けず，
X社が小豆の市場リスクから解放されることを明らかにしている。このように，
原資産の取引から生じる損益（ここでは小豆の値上がりによる営業利益の増
減）を，デリバティブから生じる損益（ここでは先物取引の損失）によって相
殺する行為がヘッジであり，これがデリバティブの代表的な用途である。

しかし小豆の先物取引は，実際には事業で小豆を使用しない者でも，その値
動きを利用して利益を得る目的のためだけに利用することができ，その場合に
は結果的にケースAが生じた時に500の先物利益だけが獲得され，ケースBが
生じれば300の先物損失だけが計上される。このようにして事業からの損失を
相殺するのではなく，投資利益だけをねらうのが**投機**であり，ヘッジ目的での
利用とは区別される。

3　デリバティブの機能と制度

［設例1］は，デリバティブの用途を解説するため，実際の制度的な規制等
の諸側面を捨象したうえで，和菓子屋にとっての小豆の先物取引の経済的効果
を例示した。しかしデリバティブの会計処理を十分に理解するには，その経済
機能や制度的な規制についても，周知しておくべき次のようないくつかの論点
がある。

その第1は，社会全体の観点からみたデリバティブの経済的機能である。た
とえば［設例1］は，小豆の消費企業の立場で考案されているが，生産農家の
立場はどうか。小豆の生産者の懸念は，たとえば800の生産コストを負担した

のに収穫時に小豆が700に値下がりしていたら，生産コストを回収できず損失を被ることである。この懸念を解消するために，生産者は秋に収穫する小豆を1kg＝1,000で売る約束を春のうちにしておけばよい。秋にケースBが生じて小豆が700に値下がりしても，生産者は1,000での売却が可能であるから，差額の先物利益により生産コストをカバーできるのである。もしこのデリバティブが存在しなければ，生産者の生産意欲の妨げとなり，小豆は輸入に頼らざるを得なくなる。

　このようにして生産者も消費企業もヘッジ目的でデリバティブを利用すれば所定の効果を得ることができるが，デリバティブは投機の手段としても利用可能である。ただし投機目的での利用は，不確実な将来の帰結をめぐるギャンブルの性質を有するので，社会的に望ましくないとか規制されるべきであるという見解が存在するかもしれない。しかし市場での円滑な価格形成には，できるだけ大勢の売主と買主の間での価格のすり合わせが不可欠であり，投機目的での市場参加者が果たす社会的な役割は大きい。

　デリバティブの経済機能に関する第2の論点は，ヘッジを目的としつつも，同時に更なる利益追求を可能にするための手段として，先物取引とは異なる別のデリバティブ取引を考案することができることである。【図表8－1】の損益計算書は，ケースAとBのいずれが生じても当期純利益が同額であることから，X社は先物取引の利用により，夏場の北海道の天候に起因する小豆の価格変化によって利益業績が影響を受けてしまうリスクから解放されている。しかしケースBが生じた場合に，もし先物取引を行っていなければ1,100の当期純利益が得られたはずのチャンスを逸したことも事実である。

　先物取引がもつこのマイナス面を除去する方法として考案されたのが**オプション取引**である。オプションとは「選択」を意味しており，オプション取引では，将来において特定の原資産を，前もって約束した特定の価格で取引する契約を履行するか否かを「選択する権利」が売買の対象とされる。この取引でオプション料とよばれる対価を支払って権利を買った者（オプションの買手）は，将来時点が到来したときに，契約上の特定価格が自分にとって有利である

と判断すれば（［設例１］のケースＡ），自分が買っておいた権利を行使して取引を実行すればよいし，不利と判断すれば（［設例１］のケースＢ）権利を放棄するだけで損失の回避が可能になる。

他方，契約を履行するか否かを選択する権利を売った者（オプションの売手）は，いかに不利な状況になっていようとも，買手の権利行使に応じなければならない義務を負う。しかしオプションの買手が権利行使しなければ，売手が受取ったオプション料がそのまま売手の利益になるのである。

このほかデリバティブには，**スワップ取引**とよばれる契約もある。スワップとは「交換」を意味しており，２当事者がそれぞれの有する資産・負債から生じるキャッシュフローを将来時点で交換することを，現時点で約束する契約がスワップ取引である。たとえば固定金利での借入金を有していて将来の市場金利の低下を予想する企業が，変動金利での借入金を有していて金利支払額の安定化を望む他企業との間で，それぞれの借入金に関するキャッシュフローを交換する約束がそれである。

このようにしてデリバティブは，それぞれの取引がもつ経済機能の観点から，先物取引・オプション取引・スワップ取引の３類型に分類することができる。

第３に，取引方法の観点からデリバティブは，上場物と店頭物の区別があることを，それに付随するメリットとデメリットとともに知っておかなければならない。「上場物」は，組織化された取引所の市場において，規格化された金融商品が統一的な方法で取引される場合をいう。これに対し「店頭物」は，たとえば事業会社と銀行の直接取引のように，当事者が組織的な取引所を経由することなく直接的に取引するものであり，契約内容も当事者の合意により自由に決めることができるという利点がある。なお先物取引という用語は，一般には上場物について用いられており，店頭物の取引は「先渡し取引」とよんで区別されている。

店頭物は相手との直接取引であるから，決済前に相手が倒産すれば，取引の効果は中断してしまう。このほか店頭物には，取得した金融商品を第三者に転売しようとしても，容易には取引相手が見つからない危険もある。

【図表8-2】は，このような上場物と店頭物の区別も含めて，5種類の原資産と3種類の取引類型の枠組みの中で，代表的なデリバティブを整理したものである。このうち次節以下では，日本取引所グループに属する大阪取引所で上場されている国債先物を例示に用いて，デリバティブの会計処理の論点を解説する。

【図表8-2】 デリバティブの種類と位置づけ

原資産	先物（先渡し）取引	オプション取引	スワップ取引
株式	日経225・TOPIX先物 （上場・日本取引所グループ）	日経225・TOPIXオプション （上場・日本取引所グループ）	―
債券	国債先物 （同上）	国債先物オプション （同上）	
金利	ユーロ円金利先物 （上場・東京金融取引所）	ユーロ円金利先物オプション （上場・東京金融取引所）	金利スワップ （店頭）
通貨	為替予約 （店頭）	通貨オプション （店頭）	通貨スワップ （店頭）
商品	穀物など商品先物 （上場・各地の取引所）	穀物など商品先物オプション （上場・各地の取引所）	―

4　デリバティブの会計処理

　デリバティブの会計処理には，通常の財やサービスの取引とは異なり，次のようないくつかの顕著な特徴がある。(a)契約に伴う権利と義務が，財やサービスの受渡時点ではなく契約締結時点で把握されるが，当初は両者が同額のため相殺されて，財務諸表には計上されないこと，(b)その後はこの権利と義務が時価評価される結果，両者を相殺した正味の金額だけが，貸借対照表に資産または負債として計上されるとともに，(c)時価変動による評価差額が当期の損益として当期純利益の計算に含められることがそれである。しかし，(d)そもそもデリバティブがヘッジ目的で利用されている事実と整合させるため，財やサービスの損益とデリバティブの損益を同一の会計期間に計上する手段として，損益

の繰上や繰延など，ヘッジ会計とよばれる特別な会計処理が必要となるケースが存在することも，デリバティブの会計処理の特徴である。

この特徴を仕訳で解説するために，現物国債を売買目的有価証券として保有する企業が，その値下がりによる損失をヘッジする目的で，国債先物を売り建てる契約を締結していたところ，懸念したとおり現物国債が値下がりして損失を被ったが，国債の先物取引からの利益によって，損失の相当部分を相殺できたという【図表8－3】の設例を考えよう。この設例には，前述の会計処理の特徴点を反映した仕訳も付記されている。

【図表8－3】 国債先物取引の会計処理

[設例2]
①　Y社は，額面100円につき時価106円で計上している額面1億円の国債（売買目的有価証券）を近いうちに売却する予定であるが，実際に売却するまでに値下がりするおそれがあるので，国債先物1億円を単価150円で売り建てて，委託証拠金として現金300万円を差入れた。
(借) 未　　収　　金　　　150,000,000 　　　　　　　　　　(貸) 売 建 債 券 先 物　　150,000,000 (借) 差入証拠金[B／S]　　3,000,000 　　　　　　　　　　(貸) 現　　　　金[B／S]　　3,000,000
②　決算日に，保有国債の単価が101円に下落したが，先物価格も146円に低下した。
(借) 有価証券評価損[P／L]　5,000,000 　　　　　　　　　　(貸) 有 価 証 券[B／S]　　5,000,000 (借) 売建債券先物[B／S]　4,000,000 　　　　　　　　　　(貸) 先 物 利 益[P／L]　　4,000,000

なお，日本政府の国債先物は日本取引所グループの大阪取引所で売買が行われており，上場物として次の2つの特徴を有する。第1に，決済前に取引相手が財務的困窮に陥っても，取引が完遂されることを促進するために，取引開始にあたり所定の差入証拠金が必要とされること。第2に，残存期間や表面利率が異なる現実の多様な国債ではなく，売買を集中して価格形成を促進する目的

で，残存期間10年，表面利率6％の架空の国債を取引対象に想定した売買が行われることである。この結果，低金利の時代には6％の年利率は非常に高いため，設例の国債先物の価格も150円という大きな数値に設定している。

取引①の仕訳の借方の未収金は，売却の契約をした国債先物の代金回収の権利を表し，貸方の売建債券先物は将来に国債を引渡すべき義務を表すが，契約締結時点では両者は同額の対照勘定として完全に相殺され，貸借対照表には現れない（前述の特徴a）。しかし借方の金額が契約で固定されているのに対し，貸方の義務の評価額はその後の国債の時価変動により変化し，決算日には義務の時価評価額の減少分だけ，先物取引から利益が生じる。この結果，未収金と売建債券先物が異なる金額となり，両者を相殺した残額の未収金が，デリバティブ取引から生じた資産として貸借対照表に計上され（前述の特徴b），先物利益は損益計算書で当期純利益の計算に含められるのである（前述の特徴c）。

5　オフバランス処理と時価評価の論拠

【図表8－3】で例示したようなデリバティブ取引の会計処理の第1の特徴は，契約に伴う当初の権利と義務が相殺されて，貸借対照表にはまったく影響を生じないという**オフバランス処理**である。この会計処理の論拠は次のように説明される。

第1に，デリバティブ取引の大部分においては，契約の決済を原資産の受渡しによって行う（これを「現受け決済」という）のではなく，当初契約とは反対方向での売買による差額の受渡しだけで決済を行う（これを「差金決済」という）のが一般的である。このため契約の権利と義務は，将来の資産の引渡義務や受取権利を表すというより，将来の反対売買を通じた差益獲得権利や差損負担義務を表すと考えるべきである。

第2は，資産や負債の概念との整合性である。資産を将来のキャッシュ・インフローをもたらす能力，負債をキャッシュ・アウトフローを引起こす負担として把握する概念とよりいっそう整合するのは，差額相当の未収金や未払金だけを，資産・負債に計上する会計処理である。第3に，もし契約上の権利と義

務の全体を資産・負債として貸借対照表に計上すれば，いくつかの財務比率（たとえば負債比率＝負債÷自己資本）に対して著しく不適切な影響を生じてしまうことである。

他方，契約締結後の権利と義務の時価評価，および評価差額の利益算入という，デリバティブ取引の会計処理が有するもう１つの特徴の論拠は次のように説明される。

第１は，デリバティブの取引が売買目的有価証券と同様に，典型的な金融投資の特徴を有することである。すなわち，もともと転売目的で契約され，市場価格に等しいだけの価値を有し，市場価格での容易な決済が可能であるため，時価評価と評価差額の利益算入により，経営実態を的確に反映した財務情報が提供される。

第２に，デリバティブ取引から損失が発生した場合に，これを早期に認識することにより，財務の健全性が確保されること。第３に，時価評価せず決済時まで損益を先送りすることになれば，差益の発生しているデリバティブ取引だけを決済して利益捻出するなど，利益操作に悪用される懸念が生じることも論拠である。

第４に，デリバティブの一般的な用途がヘッジであることを考えれば，ヘッジ対象について当期に損益が認識されている場合に，デリバティブの時価評価差額を利益算入すれば，ヘッジの実態と成功度合いを財務諸表に反映させることが可能になる。

6　ヘッジ会計

ただし場合によっては，デリバティブの時価評価差額を利益算入しても，ヘッジの実態と成功度合いが財務諸表に反映されないケースが存在することも，併せて注意しておかなければならない。その場合に必要となる特殊な会計処理が**ヘッジ会計**である。

たとえば【図表８－３】の［設例２］で，会社が保有する現物国債が，売買目的有価証券ではなく「その他有価証券」であり，Ｙ社がその他有価証券につ

いて採用する会計方針が全部純資産直入法であるとして、設例に若干の変更を加えてみよう。このとき【図表8-3】の仕訳②の上段の借方は、その他有価証券評価差額金となり、税効果を捨象すれば500万円が貸借対照表の純資産の部に計上されるから、仕訳②の下段の先物利益400万円を損益計算書に利益計上しただけでは、Y社がヘッジ目的で国債先物取引を実施したことの成果が損益計算書に反映されないのである。

ヘッジ対象たる有価証券の損失500万円と、ヘッジ手段たるデリバティブの利益400万円を同一年度の損益計算書に計上して、ヘッジの成果を損益計算書に反映させるには、【図表8-4】にAおよびBとして仕訳で示した2通りの会計処理方法のうち、いずれかが採用されなければならない。

【図表8-4】 ヘッジ会計の仕訳

A 繰延ヘッジ会計	B 時価ヘッジ会計
(借)その他有価証券 　　評価差額金[B/S]　　5,000,000 　(貸)その他有価証券[B/S]　　5,000,000	(借)その他有価証券 　　評　価　損[P/L]　　5,000,000 　(貸)その他有価証券[B/S]　　5,000,000
(借)売建債券先物[B/S]　　4,000,000 　(貸)繰延先物利益[B/S]　　4,000,000	(借)売建債券先物[B/S]　　4,000,000 　(貸)先　物　利　益[P/L]　　4,000,000

Aの会計処理は、**繰延ヘッジ会計**とよばれ、この方法のもとでは、本来は当期の損益計算書に利益計上すべきデリバティブの先物利益が当期には計上されず、ヘッジ対象たるその他有価証券の損益が損益計算書に計上される将来の年度まで、貸借対照表の純資産の部で「繰延ヘッジ利益」として繰り延べられる。他方、Bの会計処理は、**時価ヘッジ会計**とよばれ、この方法のもとでは、本来は貸借対照表の純資産の部で「その他有価証券評価差額金」として計上すべき時価評価差額が、当期の損益計算書に損失として計上される。したがってAとBの会計処理はいずれも、一部の項目について本来の会計処理方法とは異なる取扱を行っていることがわかる。【図表8-4】の仕訳のうち網掛けで示した部分が、本来の会計処理とは異なる取扱を行っている部分である。

このことからヘッジ会計は特殊な会計処理であるといわれる。それが特殊で

あるのは，ヘッジ対象とヘッジ手段の損益を同一の会計期間で認識することを通じて，ヘッジの効果を会計に反映させる目的で，本来の会計処理とは異なる特別な取扱を行うことによる。この特殊な取扱は，利益操作をねらった会計ルール違反と明確に区別されなければならない。

このためヘッジ会計が適用できるのは，①そのヘッジ取引が企業のリスク管理方針に従っていることが，取締役会議事録への記載や社内規則への準拠などにより，取引開始時に客観的に認められ，②ヘッジ取引時以後もヘッジ手段の効果が定期的に確認されている場合だけに限られる（金融商品に関する会計基準31項）。ここでいうヘッジ手段の効果の1つが，【図表8－4】で例示したような現物資産の時価（すなわち公正価値）の変動による損失を相殺することであり，このようなヘッジ活動は**公正価値ヘッジ**とよばれることがある。

ヘッジ手段がもたらすもう1つの効果としては，将来に予定されている取引から生じる収入・支出の金額を，前もって所定額に固定することが考えられる。たとえば将来に購入を予定している国債が，実際の購入前に値上がりして支出額がふくらむのを避けるために，国債先物を買い建てておく取引がそれである。これにより支出額の固定化が可能になることから，このようなヘッジ活動は**キャッシュフロー・ヘッジ**とよばれることがある。しかしこの先物取引の会計処理は，いまだヘッジ対象の取引が行われていないことから，繰延ヘッジ会計に限られ，時価ヘッジ会計が適用される余地はない。

この点も考慮して，「金融商品に関する会計基準」は，繰延ヘッジ会計を原則としたうえで，適用が可能な場合には時価ヘッジ会計の採用も認めている（32項）。

第9章 売上高の認識と測定

1 会計基準の新設

損益計算書の冒頭に表示される売上高や営業収益は，財務諸表の利用者が企業の営業規模を知るための重要な情報項目であるだけでなく，企業みずからも重要業績評価指標（KPI：Key Performance Index）の1つとして経営管理に活用している。

売上高や営業収益の会計処理は，これまで長らく企業会計原則に準拠して行われてきたが，2021年4月以後に開始する年度からは企業会計基準第29号「収益認識に関する会計基準」（2018年3月公表）が適用されることになっており，2018年4月以降に開始する年度からの早期適用も認められている。

収益認識については，国際会計基準審議会とアメリカの財務会計基準審議会が共同開発した会計基準の適用が，2018年1月以降の開始年度からすでに始まっており，これによって世界の主要国で会計処理が統一されようとしている。このため日本の新基準も，①国際財務報告基準（IFRS第15号「顧客との契約から生じる収益」）の規定内容を基本的にすべて取り入れるとともに，②日本での適用上の課題に対応するため，国際的な比較可能性を大きく損なうことがない範囲で，国際基準とは異なる代替的な会計処理を追加的に認めるという方針で制定された。

本章ではこの新基準に基づく会計処理を解説する。その説明に際しては，新基準が立脚する会計上の基礎概念も含めて考察するとともに，従来の会計処理との相違点にも留意する。

2 新基準による収益認識の概要

収益認識の新基準は，国際基準の考え方に従い，収益認識を5段階に区分し

て規定している。①契約の識別と②そこに含まれる履行義務の特定，③取引価格の算定と④その配分（1契約が複数の履行義務を含む場合），および⑤履行義務を充足した一時点での，または一定期間にわたる，収益の認識という5つのステップがそれである。次の［設例1］でこれを例示する。

> ［設例1］　エレベータの生産販売と保守点検サービスの提供を事業内容とする当社は顧客との間で，当期首にエレベータの販売と据付を行い，あわせて当期首から5年間にわたる保守点検サービスを，対価1,380で提供する契約を締結した。当社は，このエレベータの販売と据付だけを行う場合の取引価格を1,000としており，また5年間の保守点検サービスだけを提供する場合の取引価格を500としている。

この設例の場合の5段階は，それぞれ次のように判断される。①「契約」として識別されるのは，当社と顧客の間のエレベータに関する約束である。②この契約には，エレベータの販売と据付，および据付後のエレベータの保守点検サービスの提供という，当社が遂行すべき2つの「履行義務」が含まれており，それぞれの履行義務が収益認識の単位となる。③対価となる取引価格は総額で1,380であるが，別々に契約する場合の価格は，エレベータの販売と据付が1,000であり，保守点検サービスの提供が5年間で500である。④したがってエレベータと保守点検をセットで契約したことで，当社は割引を行っているから，それぞれを独立に取引した場合の価格の比率1,000対500に基づき，取引価格の総額を，エレベータ分［1,380×(1,000／1,500)＝920］と保守点検サービス分［1,380×(500／1,500)＝460］に配分する。そして⑤エレベータの売上高は，据付の完了時に計上し，保守点検サービスは企業が持続的に履行義務を遂行すると考えて，時の経過に比例して毎期均等額［460÷5＝年間92］ずつ収益に計上するのである。

この収益認識の新基準には，次のような特徴がある。その第1は，会計基準の国際動向の強い影響を受けている点である。これは日本の新基準が，売上高情報の国際的な比較可能性の確保を重要課題とする以上，必然的な帰結である。

第2に，収益認識の時期に関して，これまで場合分けして適用されてきた販売基準と生産基準を，「履行義務の充足」という概念のもとに統合する論理構成を，IFRS第15号から継承したことも注目される。従来は，見込生産された財貨の販売に対して「販売基準」が適用され，請負工事やソフトウェア制作等の受注生産には，工事進行基準に代表されるような「生産基準」が適用されてきた。このほか所定の割賦販売等を対象として，法人税法の延払基準にみられるような「回収基準」も存在した。

　これに対し新基準は，企業が財やサービスに対する支配を顧客に移転することによる「履行義務の充足」が，一時点で生じる場合と継続的に生じる場合を区別する。そして，一時点で支配が移転する取引には販売基準を適用し，継続的に支配が移転する取引には工事進行基準のような生産基準を適用するとともに，履行義務の充足時期から大きく遅れて収益を計上することになる回収基準は排除されている。

　第3に，収益測定の尺度として採用されたのが，契約から生じる権利・義務の公正価値ではなく，顧客が支払う対価の額であることも確認しておかなければならない。IFRS第15号の開発の初期段階では，公正価値による測定が指向された。もし公正価値が採用されていたら，たとえば対価10億円で建設工事を受注した企業が，契約時に［(借) 対価受領権10　(貸) 建設履行義務10］として契約上の権利と義務を記録したうえで，この企業が下請け会社に工事を8億円で丸投げすることができるのであれば，8億円が履行義務の公正価値であるとして，直ちに［(借) 建設履行義務2　(貸) 建設利益2］という会計処理を行い，契約時点で利益を計上するような事態も想定された。しかし現実には，公正価値による履行義務の測定が否定され，顧客が支払う対価による収益の測定が規定されたため，新基準のもとでの収益額は，伝統的な販売基準や生産基準による場合と，基本的には異ならないものと思われる。

　以下では，新基準が提示する5つのステップに沿って，会計処理を概説する。

3 契約の識別［第1ステップ］

収益認識の第1ステップは，会計処理の対象となる契約を識別することである。**契約**とは，企業と顧客の間に法的強制力のある権利義務を生じさせるような取決めをいい，書面・口頭・取引慣行のいずれによるかを問わないが，次の要件をすべて満たす必要がある。

①当事者が契約を承認し義務の履行を約束していること，②当事者の権利を識別できること，③取引の支払条件を識別できること，④企業の将来キャッシュフローを変化させるだけの経済的実質が備わっていること，および⑤対価の回収可能性が高いことがそれである。対価の回収可能性に大きな不確実性がある契約は，約束した対価額のうち回収可能性が高いと見込む部分だけが収益認識の対象となる。

これらの要件を満たして識別された契約であっても，完全に未履行の段階では収益認識の対象にならない。契約が完全に未履行であると判断されるためには，①企業が財やサービスをいまだ顧客に移転しておらず，かつ②対価を受け取ったり，対価を受け取る権利もいまだ得ていない必要がある。

また形式上は別個の契約でも，それが適切と判断されれば，同一顧客と同時期に締結した複数の契約を結合し，単一の契約と見なして会計処理を行う。たとえば，複数の契約が同一の商業的目的のもとに交渉されていたり，ある契約の価格や履行状況が他の契約の対価額に影響を及ぼしたり，全体が1つの履行義務を構成したりするような，いずれかに該当する場合がそれである。

4 履行義務の識別［第2ステップ］

(1) 収益認識の単位

契約の識別に続く第2ステップは，契約に含まれる履行義務を識別することである。**履行義務**とは，顧客との契約において，財やサービスを顧客に移転する約束をいう。1つの契約が複数の履行義務から構成される場合は，識別された履行義務のそれぞれが収益認識の単位となる。たとえば［設例1］で示した

エレベータの引渡と据付，および据付後のメンテナンスサービスの提供がその例である。

　企業が財やサービスを顧客に移転するある約束が，他とは区別される別個の履行義務であるとして判断されるためには，①約束された財やサービスから，顧客がそれ単独で（または他の経済的資源と組み合わせて）便益を享受することができ，②契約に含まれる他の約束と区別できるという２つの条件が満たされなければならない。

　たとえば［設例１］では，エレベータの引渡と据付，および据付後のメンテナンスサービスの提供が，それぞれ別個の履行義務として判断された結果，２つの履行義務に区別して会計処理を行う状況が例示されている。しかし前述の①と②の条件が満たされる場合には，エレベータの引渡とエレベータの据付をさらに区別して，別個の履行義務として取り扱うのが適切なケースも考えられる。

　ただし要件に照らして別個の財やサービスとして判定される場合であっても，契約全体に照らして重要性が乏しい財やサービスについては，履行義務であるかを評価しないことができる。たとえば顧客が支配を獲得した後に企業が行う出荷や配送活動は，類似取引への首尾一貫した適用を条件として，履行義務としないことができる。

　このほか履行義務の内容や区分については，次の留意事項がある。

(2) 本人と代理人の区別

　顧客への財やサービスの提供で企業が果たす役割については，①企業みずからが財やサービスを提供することが履行義務である場合と，②他の当事者が提供するように企業が手配することが履行義務である場合がある。①であれば企業が取引の本人であるから，顧客から受け取る取引価格を総額で売上高に計上するが，②では代理人にすぎないから，顧客からの受取額から他の当事者への支払額を控除した純額だけを収益に計上する。

　本人として取引額の総額を売上高に計上する処理と，代理人として報酬や手

数料などの純額だけを計上する処理の間で，顕著な差異が生じ得ることを示す次のような興味深い事例がある。住友商事は，2016年3月期について，IFRSに基づく利益計算のトップラインとして約4.0兆円の収益額を表示したうえで，従来の日本基準による売上高が約7.6兆円である旨を付記している。

　企業が①の本人に該当するには，顧客への提供前の財やサービスを企業が支配していなければならない。そのためには企業が，約束の履行に主たる責任を負い，売れ残りなどの在庫リスクを負担し，価格設定について裁量権を有することが，重要な判断指標となる。

(3) 追加の財やサービスを取得するオプションの提供

　小売店のポイント制度のように，取引した財やサービスの提供に加えて，顧客が将来時点で利用可能なポイント等の形で，追加の財やサービスを取得するオプションを企業が顧客に付与すれば，そのオプションから履行義務が追加的に生じる。したがって取引価格のうち，①現時点で提供した財やサービスに配分した額は，当期の売上収益として認識するが，②オプションに配分された額は契約負債として計上したうえで，オプションの行使や消滅の時に，収益として認識する。この会計処理が損益計算書に及ぼす影響を考察するため，次の［設例2］を考える。

> ［設例2］　顧客の購入額に対して10％のポイントが付与され，1ポイント1円として将来の取引で使用が可能なポイント制度のもとで，顧客が価格1,000の商品を購入した。顧客が将来の購入でポイントを利用する予想確率は80％である。

　買手にポイントを付与する販売取引の会計処理は，従来から必ずしも統一されていたわけではないが，多くの場合には次のように取り扱われてきたものと思われる。すなわち，企業は1,000の売上高を計上するとともに，ポイント付与に伴う企業の負担コストを，たとえば［1,000×10％×ポイント利用確率80％×売価に占める原価率60％＝48］のように算定し，これをポイント引当金繰入

額などの名称で，販売促進費用として当期の売上高に対応づける会計処理がそれである。

これに対し新基準のもとでは，1,000の対価と交換に，①販売価格1,000の商品をいま引き渡すとともに，②その10％に相当する販売価格100の商品を将来に引き渡すことを約束した契約が履行されたと考えて，次の会計処理が行われる。貸方の売上高と契約負債の金額は，対価1,000を販売価格の比率1,000対80（＝1,000×10％×ポイント利用率80％）で按分して算定されており，契約負債は企業が顧客のポイント利用に応じなければならない義務を表す。

（借）現　　　　金　　1,000　　（貸）売　　上　　高　　926
　　　　　　　　　　　　　　　　　　契　約　負　債　　　74

これまでポイント制度の本質を販売促進策と考えて，達成された収益（売上高）と投入された努力（ポイント引当金繰入額）を対応づける思考方式からは，この新しい会計処理には違和感があるかもしれない。しかしこれを資産負債アプローチに沿った処理として，次のように理解することも可能である。資産負債アプローチのもとで，収益は，純利益を増加させる項目であり，特定期間の期末までに生じた資産の増加や負債の減少に見合う額のうち，投資のリスクから解放された部分として定義されている。設例の取引は，①顧客が支払う対価による資産の増加1,000と，②将来のポイント利用に応じるべき義務を評価した負債の増加74であるから，これらを相殺して算定される資産増加の純額926を収益として理解するのである。

5　取引価格の算定［第3ステップ］

(1)　取引価格による収益の測定

収益の額は，契約から生じる権利・義務の公正価値ではなく，取引価格に基づいて測定する。取引価格とは，財やサービスを顧客に移転するのと交換に，企業が権利を得ると見込む対価の額をいう。企業が顧客から受け取る金額であっても，第三者のために回収する部分は，売上収益に含めない。したがって販売時の消費税は，企業が税務当局に代わって消費者から回収する額であるか

ら，税込方式ではなく税抜方式で会計処理しなければならない。酒税・タバコ税・揮発油税についても同様である。

　これらの間接税を収益認識額に含めないことに起因して，損益計算書のトップラインに表示される売上高が減少する度合いは，業種や企業によっては非常に大きい。たとえばIFRSを適用している日本たばこ産業は，2016年12月期について総取扱高7.06兆円からタバコ税（およびその他代理取引取扱高）4.92兆円を控除した残額2.14兆円を，売上収益として連結損益計算書に計上している。

(2) 変動対価

　顧客と約束した対価のうち，変動する可能性のある部分を**変動対価**という。①仮価格での取引や交渉中の売上値引，②大量取引による代金減額分としての売上割戻や返金，③早期納品を促すインセンティブ対価や割増金と，納品遅延のペナルティとなる対価の減額，および④返品権付き販売などがこれに該当する。

　変動対価を含む取引は，変動部分の金額を見積もるとともに，対価額の不確実性が事後的に解消する際に，それ以前に計上した収益の著しい減額が生じない可能性が非常に高いと見込まれる金額だけを，売上収益に計上し，各決算日に金額の見直しを行う。

　変動対価の見積りに際しては，最頻値（最も発生の可能性が高い単一の金額）による方法と，期待値（発生の可能性がある対価額を確率で加重平均した金額）による方法のうち，企業が権利を得ることになる対価額をより適切に予測できる方法を選択し，これを首尾一貫して適用する。

　ここでは変動対価の典型例として，売上割戻に関する次の設例について，第1四半期と第2四半期の売上高を考えよう。

[設例3] 　当社は製品を単価10円で販売するが，年間に100個を超えて購入した顧客には，9円に減額することを約束している。①ある顧客が第1四半期に10個を購入したが，この時点で年間販売数量は100個を超えない

ものと予想された。②しかしその顧客が第2四半期に40個を購入し，年間販売数量が100個を超えることが予想されるようになった。

　この設例の第1四半期の売上高は［10円×10個＝100円］である。しかし第2四半期までの累計売上高は［9円×50個＝450円］と見積もられるから，第1四半期で計上された売上高100円を除した350円を第2四半期の売上高として見積もるのが適切である。

(3) 金融要素

　対価額の回収を相当期間にわたり猶予するなど，顧客に対して信用供与の重要な便益が提供される場合は，取引価格に金融要素が含まれるので，対価額から金利相当分を除去した額で売上収益を計上する。ただし財やサービスの移転時点から対価回収時点までの期間が1年以内であれば，金利分を調整しないことができる。

　割賦販売の取引価格は，対価回収の猶予期間の利息相当額だけ，通常の販売より高く設定されるのが通常である。したがって利息相当額に重要性があれば，割賦売上債権と売上収益は利息相当額を除いて計上するとともに，利息相当額は割賦売上債権の回収期間にわたって償却原価法で受取利息として計上するのが適切である。

　ここでは割賦販売に関する［設例4］により，この会計処理を例示する。前述のとおり，これまで割賦販売については，対価の回収が相当期間にわたり猶予されることに起因して，回収の不確実性が高い場合には回収基準による収益認識が許容されてきた。しかし新基準のもとでは販売基準で売上高が計上されるとともに，そこに含まれる金融要素を除去した金額で測定が行われるのが通常である。

　　［設例4］　20X1年3月31日に，原価7,200円の製品を割賦販売し，代金は本日を第1回目として1年毎に2,439円を4回にわたって受け取ること

とした。売上収益は販売日に計上するが，代金総額に含まれる利息相当額（実効利子率は年7％）を除去した金額で測定する。

［設例4］の収益額は，対価額（2,439×4回）に実効利子率7％を適用した現在価値計算により，$[2,439+2,439/1.07+2,439/(1.07)^2+2,439/(1.07)^3=8,839]$ として算定される。したがって製品が引き渡され第1回割賦金が回収される20X1年3月31日には，次の会計処理を行う。

（借）現 金 預 金	2,439	（貸）売　　　　上	8,839
割 賦 売 掛 金	6,400		

また20X2年3月31日の第2回割賦金の回収額には［6,400×0.07＝448］の金利が含まれているから，会計処理は次のとおりである。

（借）現 金 預 金	2,439	（貸）割 賦 売 掛 金	1,991
		受 取 利 息	448

6　履行義務の充足による収益の認識［第5ステップ］

(1)　履行義務の充足パターン

収益は，企業が履行義務を充足することにより認識される。**履行義務の充足**とは，約束した財やサービスに対する支配が，企業から顧客に移転することをいう。また財やサービスに対する支配とは，その財やサービスの使用を指図し，それらが有する便益のほとんどすべてを享受する能力を意味する。

企業がそのような履行義務を充足するパターンには，①［設例1］のエレベータのように一時点で充足する場合と，②メンテナンス・サービスのように一定の期間にわたって充足していく場合がある。したがって①ではその一時点で売上収益を認識し，②では一定期間にわたる充足につれて収益を認識する。このため，企業が履行義務を充足するパターンが，①と②のいずれに区分されるかの判定が重要となる。

この判定は，次の3要件のいずれかを満たすものを②として先に特定し，いずれの要件も満たさないものを①とする方法で行う。

(a) 企業による履行義務の充足につれて，顧客が便益を享受すること（たとえば［設例1］のメンテナンス・サービス）。
(b) 履行義務の充足につれて，資産の創出や価値増加が生じ，それにつれて顧客がその資産を支配すること（たとえば顧客の土地で建設業者が行う建物の建設）。
(c) 創出ないし価値増加した資産を，企業が別の用途には転用できず，かつ履行済部分の対価の収受を強制できる権利を有すること（たとえば特別仕様の造船で，顧客の解約に伴う補償請求権の発生）。

(2) 一時点での収益認識

　一時点で充足される履行義務に分類された取引は，資産に対する支配が企業から顧客に移転した時点で収益を認識する。その時点の決め手として考慮すべき指標は，(a)対価を収受する権利の獲得，(b)法的所有権の所在，(c)物理的占有の移転，(d)顧客による資産のリスク負担と経済価値の享受，および(e)顧客による資産の検収である。

　このようにして支配の移転は，顧客の検収によって最終的に確定するが，出荷から検収までが数日間程度の国内取引については，出荷時や着荷時など前もって決められた一時点で売上高を計上する会計処理が認められている。

(3) 一定期間にわたる収益認識

　一定期間にわたり充足される履行義務に分類された取引は，充足の**進捗度**を見積もって，これに基づいて収益を一定の期間にわたり認識する。この会計処理が適合する可能性が高い取引の代表例には，事前の契約に基づく継続的なサービス提供や，建物の建設工事・造船・ソフトウェア制作などがある。受注生産が一般的なこれらの取引では，顧客と取引価格が生産の以前に契約で特定されていて，生産した財やサービスの販売に関する不確実性がほとんどないから，生産に伴って収益を計上することに合理性が認められる。

　ただしこの会計処理の結果が十分な信頼性を有するためには，履行義務の充

足の進捗度を合理的に見積もることができなければならない。そのための見積方法にはアウトプット法とインプット法がある。**アウトプット法**は，契約で約束した財やサービスのうち，企業が現在までに移転した部分の顧客にとっての価値の割合を，生産単位数や経過期間などを基礎として，直接的に見積もる方法である。他方，**インプット法**は，企業が履行義務を完全に充足するのに必要と予想されるインプット合計のうち，現在までに投入されたインプットの割合を，発生したコストや労働時間などを指標として見積もる方法である。

ここでは請負工事に関する発生コストを指標としたインプット法で計測した進捗度に基づいて**工事進行基準**で工事収益を認識する［設例5］により，この会計処理を例示する。

> ［設例5］　当社は3年の工期と工事原価総額1,500億円が当初に見込まれる建設工事を1,800億円で請け負った。各年度に関する次の資料に基づいて，原価発生割合によって進捗度を見積もって，工事進行基準で会計処理を行う（金額単位：億円）。
>
> | | 第1年度 | 第2年度 | 第3年度 |
> | --- | --- | --- | --- |
> | 実際に発生した工事原価 | 375 | 710 | 460 |
> | 完成までの追加原価の見積額 | 1,125 | 465 | 0 |
> | 契約に従う工事代金の受取額 | 0 | 1,300 | 500 |

工事原価総額に対する実際工事原価の発生割合で進捗度を計測して算定される各年度の工事収益額の計算は次のとおりであり，下記の表はこれに基づいて行われ会計処理を仕訳で示している。

第1年度：$1,800 \times [375 \div (375 + 1,125)] = 450$

第2年度：$1,800 \times [(375 + 710) \div (375 + 710 + 465)] - 450 = 810$

第3年度：$1,800 - 450 - 810 = 540$

第 1 年 度	第 2 年 度	第 3 年 度
(借) 未成工事支出金　375 　　(貸) 現金預金　　　　375	(借) 未成工事支出金　710 　　(貸) 現金預金　　　　710	(借) 未成工事支出金　460 　　(貸) 現金預金　　　　460
(借) 契約資産　　　　450 　　(貸) 工事収益　　　　450	(借) 契約資産　　　　810 　　(貸) 工事収益　　　　810	(借) 契約資産　　　　540 　　(貸) 工事収益　　　　540
	(借) 現金預金　　　1,300 　　(貸) 契約資産　　　1,260 　　　　契約負債　　　　40	(借) 現金預金　　　　500 　　　　契約負債　　　　40 　　(貸) 契約資産　　　　540
(借) 工事原価　　　　375 　　(貸) 未成工事支出金　375	(借) 工事原価　　　　710 　　(貸) 未成工事支出金　710	(借) 工事原価　　　　460 　　(貸) 未成工事支出金　460

　これらの仕訳に登場する勘定科目には，工事進行基準に関する従来の会計処理とは異なるものがある。その1つは，第1年度の工事収益を計上する仕訳の相手勘定が契約資産とされている点である。ここに**契約資産**とは，企業が顧客に移転した財やサービスと交換に受け取る対価に対する企業の権利をいう。契約資産は，約束された支払期日が到来した時点で，工事未収金などの債権（すなわち対価に対する法的な請求権）の勘定に振り替えられる。逆に，財やサービスの移転前に顧客から対価を受け取る場合は，対価の受取時と受取期限到来時のいずれか早い時点で，**契約負債**を貸借対照表に計上する。設例の第2年度で計上された契約負債は，財やサービスを移転した部分を超えて，顧客から受け取った対価の額である。

　工事進行基準の適用は，進捗度の合理的な見積りを前提とするが，そのような見積りができなければ，工事が完成して顧客への引渡が完了した時点で，工事収益を計上することになる。この会計処理方法を**工事完成基準**という。ただし進捗度の合理的見積りができなくても，発生した費用が回収可能であると予想できるのであれば，進捗度の合理的見積りが可能になる時点まで，回収可能と見込まれる費用と同額を収益に計上する。この会計処理は**原価回収基準**とよばれ，今回の新基準によって初めて日本に導入された方法である。これを適用すると売上収益と売上原価が同額で計上されるため，利益はゼロとなる。

第10章　外貨建取引の換算

1　外貨建取引と為替リスク

　企業活動の国際化につれ，ますます多くの企業が輸出入取引や海外での資金調達と資金運用を行うようになっている。これらの取引の多くは外国通貨で契約されるが，そのような外貨建取引も日本円に換算したうえで，財務諸表に含めなければならない。財務諸表の作成のために，外貨建項目の換算が必要となるケースは次の3つに大別される。

　①日本国内に所在する企業が外国の取引先との間で行う外貨建取引の換算，②本店が本支店会計のために行う在外支店の外貨建財務諸表項目の換算，③親会社が連結決算のために行うため在外子会社の外貨建財務諸表項目の換算がそれである。このうち本章では，日本企業による外貨建取引の換算に関連して生じる会計問題を取り上げる。

　外貨建取引を行う企業の重要な関心事項は，為替差損の回避であり，そのための1つの有効な手段は，先物為替予約に代表されるような，外国通貨を原資産とするデリバティブの活用である。調査対象時点はやや古いが，そのようなデリバティブの利用実態が，伊藤隆敏ほか「日本企業の為替リスク管理とインボイス通貨選択：平成25年度日本企業の貿易建値通貨の選択に関するアンケート調査結果報告」独立行政法人産業経済研究所（2016年3月）で明らかにされている。それによると，海外活動を行う製造業の全上場企業962社に対するアンケート調査の回答企業185社のうち，デリバティブを用いて為替リスク管理を行っている企業が121社（65％）にのぼり，そのうち為替予約の利用企業が98％，通貨オプションの利用企業が13％であったのに対し，通貨スワップなど，これら以外のデリバティブを利用する企業は6％であったことが報告されている。したがって本章では，為替予約と通貨オプションの会計処理についても考

察する。

　外貨建取引の会計処理を規定するのは企業会計審議会が1979年に制定した「**外貨建取引等会計処理基準**」（最終改正1999年）である。また，日本公認会計士協会・会計制度委員会報告第4号「外貨建取引等の会計処理に関する実務指針」（最終改正2014年11月）で，さらに詳細な取扱が定められている。

2　外貨建取引の換算

　財・サービスの輸出入や資金の貸借が外貨建で行われた場合，為替予約などの特別な措置がとられていない限り，これらの取引は取引時点での為替相場によって，いったん日本円に換算される。この換算は，取引発生日の直物（じきもの）為替相場によるのが原則である。ここに**直物為替相場**とは，日本円と外貨の受渡が当日中に実行される場合に適用される相場をいう。これに対し，通貨の受渡を将来時点で行う場合に適用する相場を，現時点で前もって約束したものが**先物為替相場**である。外貨建取引を発生時点の直物為替相場で換算することに異論はない。問題は，この換算額を，決算日などにおいて新しい為替相場で換算しなおすか否かである。

　たとえば日本企業が製品1個を1万ドルで輸出し，その時の直物相場が＄1＝¥112であれば，［（借）売掛金　112万円／（貸）売上　112万円］という会計記録が行われるが，決算日の直物相場が＄1＝¥106へと変化したときに，売上高を106万円に減額するか，また売掛金を106万円に減額するかという問題がそれである。

　取引時点での換算額のまま放置すると，決算日にその項目が過去の歴史的な相場（historical rate：HR）で換算されていることになるのに対し，決算時の為替相場（current rate：CR）で換算しなおすと，その項目は時価評価されたのと同じ金額になる。したがって外貨建項目を決算日にCRで換算しなおすか否かは，その項目を取得原価と時価のいずれで評価するかという問題であることがわかる。

　この問題について広く採用されているのは，評価対象項目を①製品やサービ

スの生産と販売のために保有する事業用資産と，②販売代金の回収過程にあたり，余剰資金の運用のために保有する金融商品に区分し，事業用資産は取得原価で評価し，金融商品は時価での評価という方法で，評価基準を使い分ける「混合的測定」である。外貨建の売上債権の日本円による価値を考えた場合，どの企業にとってもCRでの換算額に等しいだけの価値を有し，事業の遂行に影響することなくCRでの容易な決済が可能であり，またCRによる決済以外に目的を達成する方法は存在しない。前述の外貨建売掛金を決算日の時価であるCRで換算しなおすのは，まさに混合的測定の考え方と整合した会計処理である。

他方，売上高についても同様に決算日のCRで換算しなおすか否かについては，一取引基準および二取引基準とよばれる2通りの見解がある。ここに**一取引基準**とは，外貨建取引（ここでは製品の輸出）と代金決済取引（売掛金の回収）を一連の分離不可能な取引と見なして会計処理を行う方法である。他方，**二取引基準**とは，輸出入等の外貨建取引とそれに続く代金決済取引とを，それぞれ別個の取引と見なして会計処理を行う方法である。このうち，日本の「外貨建取引等会計処理基準」をはじめとして，世界の主要な会計基準で採用されているのは二取引基準である。

【図表10-1】は，二取引基準の合理性を例示するために，次の仮設取引を2つの基準で会計処理した結果を対比したものである。直物為替相場が＄1＝¥112の時点で，日本企業が製造原価90万円の製品1個を1万ドルで輸出し，その後，決算日の為替相場が＄1＝¥106，売掛金の回収日の為替相場が＄1＝¥105へと変化したことが仮定されている。

【図表10-1】から，一取引基準よりも二取引基準の方が，次の2点で優れていることがわかる。①利益を営業活動に起因する22と為替変動に起因する▲7に区分して把握できること，および②売上高が取引日で確定し，その後の為替変動に伴う遡及調整の必要がないことがそれである。

【図表10−1】 二取引基準と一取引基準　　　（単位：万円）

	二取引基準	一取引基準
取引日	売　掛　金　112／売　　　　上　112 売 上 原 価　 90／製　　　　品　 90	売　掛　金　112／売　　　　上　112 売 上 原 価　 90／製　　　　品　 90
決算日	為 替 差 損　　6／売　掛　金　　6	売　　　　上　　6／売　掛　金　　6
決済日	現 金 預 金　105／売　掛　金　106 為 替 差 損　　1	現 金 預 金　105／売　掛　金　106 売　　　　上　　1
利益計算	売上112−売上原価90−為替差損7 ＝利益15	売上105−売上原価90＝利益15

　営業活動と代金決済を区分して処理する二取引基準は，外貨建取引に限らず，財務会計の多くの場面で広く採用されている。たとえば掛売上代金の回収可能性評価として貸倒引当金を設定する場合も，一取引基準なら仕訳の借方は売上高の減額となるであろうが，実際には二取引基準を適用して，貸倒引当金繰入額という費用計上が行われている。

3　為替予約による為替差損の回避

　外貨建取引を行う企業の重要な懸念事項は，為替差損を被るリスクである。たとえば【図表10−1】の取引では，高品質の製品の生産とその効率的な販売により，営業利益22を獲得できたとしても，円高方向への為替相場の変動に起因して為替差損7を負担せざるを得なくなった結果，最終的には利益額が15へと大きく減額されてしまっている。逆に，外貨建の輸入取引を行う企業は，円安方向に為替相場が変動すれば，支払額の増加により為替差損を被ることになる。

　このような状況に対して，製品やサービスの生産販売などの本業に集中して企業目的を達成しようとする多くの経営者は，為替相場の変動が業績に及ぼす影響に一喜一憂することなく，為替相場変動の影響を受けない企業経営を目指そうとするであろう。この目的のために最も広く採用されている手段は為替予約である。

　ここに**為替予約**とは，外国為替の業務を行う銀行との間で，企業が将来に外

貨と日本円を交換するときに適用される為替レートを，現時点で前もって契約しておくことをいう。この契約をしておけば，将来時点が到来して外貨と日本円を交換するときに，実際の直物為替相場がどのように変化していようとも，前もって契約しておいたレートを適用して，取引を決済することができる。そのようなレートとして用いられるのが，前述の先物為替相場である。

　直物為替相場が日本円と外貨を交換する現時点でのレートであるのに対し，先物為替相場が適用されるのは将来時点での交換であるから，直物相場と先物相場の間には当然に差異がある。その主たる原因は通貨どうしの金利差である。たとえば直物為替相場が＄1＝￥110であり，米ドルと日本円の利子率がそれぞれ5％と2％であるとすれば，日米の通貨の1年後の元利合計は，米ドルが＄1.05，日本円が110×1.02＝￥112.2となる。したがって1年後の＄1.05＝￥112.2円という関係から，1年後に米ドルと日本円を交換する契約における先物為替相場は，［￥112.2÷＄1.05＝106.86］を基礎とし，銀行の手数料を加味して決定されることになる。このようにして直物相場と先物相場の差異は，金利調整分としての性質をもつ。

　為替予約が付された外貨建取引の会計処理には，独立処理および振当（ふりあて）処理とよばれる2通りの方法がある。**独立処理**は外貨建取引と為替予約を別個の取引と見なし，それぞれについて会計処理を行う方法である。為替予約については「金融商品に関する会計基準」第25項が適用される。他方，**振当処理**は為替予約によって確定した日本円の金額を，外貨建取引に振り当てて記録する方法である。これら2通りの方法のうち，独立処理が原則であるが，振当処理を採用してもよい（外貨建取引等会計処理基準・注6）。

　【図表10-2】は，仮設取引について，独立処理と振当処理を対比して示したものである。この仮設例では，日本企業が外貨建の製品輸出を行ったのち円高になった場合に被る為替差損をヘッジする目的で，外貨を売って日本円に換金するための為替予約が想定されている。しかしその為替予約が，輸出時点で直ちに行われるのではなく，しばらく為替動向を観察したうえで，輸出時点から1ヶ月後に行われているのが，この仮設例の特徴である。

【図表10-2】 独立処理と振当処理　　　　　　（単位：万円）

		直物相場	先物相場	取引の内容
仮設取引	①	$1=¥112	$1=¥109	1/31 製品を1万ドルで輸出し，売掛金は5月末に回収することとした。
	②	$1=¥110	$1=¥107	2/28 1ヶ月が経過し，円高の懸念が高まったので，3ヶ月先物のドル売り為替予約を締結した。
	③	$1=¥106	$1=¥104	3/31 決算日を迎えた。
	④	$1=¥105	－	5/31 売掛金1万ドルを回収し日本円に換金した。

	独立処理		振当処理
	外貨建取引	為替予約	
①	売掛金 112／売　上 112		売掛金 112／売　上 112
②		¥未収金 107／$未払金 107	為替差損　2／売掛金　5 前払費用　3
③	為替差損　6／売掛金　6	$未払金　3／為替差益　3	為替差損　1／前払費用　1
④	現　金 105／売掛金 106 為替差損　1	現　金 107／¥未収金 107 $未払金 104／現　金 105 　　　　　　　為替差損　1	現　金 107／売掛金 107 為替差損　2／前払費用　2

　独立処理によるとき，外貨建取引は直物相場で記録する。したがって決算日③と決済日④に売掛金から為替差損が生じている。これに対処する目的で締結された為替予約は，契約に伴う権利と義務を基礎として，外貨建取引とは別個に記録する。たとえば【図表10-2】のように為替の売り予約をすると，為替予約未収金（将来にドルと交換に円を受け取る権利：仕訳②では¥未収金）と為替予約未払金（将来にドルを引き渡す義務の時価：仕訳②では$未払金）が生じるが，貸借対照表では両者は相殺され，純額だけが計上される。

　このうち¥未収金の額は先物相場により固定されているが，$未払金の時価は為替相場の変動に伴って変化するから，為替差損益が生じる。この結果，【図表10-2】では，外貨建取引から生じた為替差損が，為替予約から生じた為替差益と対比されることにより，企業が為替リスクのヘッジを行った事実とその成功度合いが明らかにされている。

これに対し，振当処理によるときは，為替予約を通じて固定された円価額により会計記録を行う。したがって【図表10－2】の企業が輸出①と同時に為替予約を締結していれば，この取引は当日の先物相場により［（借）売掛金　109／（貸）売上　109］として仕訳される。

しかし企業はすべての外貨建取引に対して，最初から為替予約を付すとは限らない。【図表10－2】のように，当初は為替予約を付さないまま外貨建取引を行い，その後の為替相場の動向を見ながら，途中で為替予約を付す場合も多い。外貨建取引から生じた金銭債権債務は，為替予約②の時点で先物相場に基づく金額へと付け替えられる（【図表10－2】では112円から107円へ）。

この付替えで生じる差額は2つの部分からなる。1つは，取引発生時①と為替予約時②の直物相場の変動から生じる差額（【図表10－2】では112円から110円への2円）であり，過去と現在の直物相場どうしの差という意味で，これを「**直直（じきじき）差額**」とよび，予約時の為替差損益として処理する。いま1つは，予約時②の直物相場と先物相場の差額（【図表10－2】では110円から107円への3円）であり，「**直先（じきさき）差額**」とよばれる。前述のとおり，直先差額は金利調整分としての性質を持つから，【図表10－2】のように借方差額であれば前払費用とし，貸方差額であれば前受収益として繰り延べて，時間の経過を基準として期間配分し，為替差損益とする。

【図表10－2】の仮設例から，独立処理と振当処理は次のように関係づけることができる。独立処理は，外貨建取引と為替予約のいずれか一方から生じた為替差損が，他方から生じる為替差益によって相殺されることにより，為替リスクがヘッジされた事実を明示する点で優れている。しかし振当処理を採用した場合でも，各期の損益額は，独立処理の場合と同じである。独立処理を原則としつつ，振当処理も許容されるのは，このためである。

4　予定取引のリスクヘッジ

前節では，外貨建取引が先に実行され，それと同時に，またはしばらく為替相場の動向を見たうえで（【図表10－2】はこれに該当），為替予約が行われる

場合の会計処理を考察した。しかし反復的に継続して外貨建取引を行う企業にとっては，現時点ではまだ実行していないが，将来に実行する予定の外貨建取引もまた，為替リスク管理の対象である。たとえば将来の輸出取引の実行時点で，現在よりも円高が進行して円貨での売上収入が目減りすることを懸念する企業は，外貨を日本円と交換するための為替予約を現時点で締結しておくことにより，将来の輸出からの売上収入を前もって日本円で確定することができる。この目的で行われる為替リスク管理を，予定取引の**キャッシュフロー・ヘッジ**という。

【図表10－3】は，製品をドル建でアメリカへ輸出する企業が予定取引のために，ドル売りの為替予約を行うケースを想定して，独立処理と振当処理を対比して示したものである。

ここでもまた，為替予約の契約①については，独立処理と振当処理の両方で，円を受け取る権利（¥未収金）とドルを引き渡す義務（$未払金）を契約時の先物相場で備忘記録しているが，貸借対照表で相殺されることは**【図表10－2】**の場合と同じである。

その後の円高により，決算日②までに$未払金の時価評価額が117から107へと軽減されて生じた差額10は，為替差益の発生を意味するが，ヘッジ対象の外貨建取引がいまだ行われていないため，「**繰延ヘッジ利益**」として貸借対照表の純資産の部に計上する。ここでは簡略化のため，繰延ヘッジ利益に対する税効果会計の適用を省略している。借方の$未払金は，為替予約資産などの名称で資産計上すればよい。

為替差益10を「繰延ヘッジ利益」として貸借対照表の純資産の部に計上するこの会計処理は，**繰延ヘッジ会計**である。本書の第8章でも説明したとおり，為替予約をも含むデリバティブの会計処理の大原則は，決算日での時価評価と，そこから生じた時価評価差額を損益計算書での当期純利益の計算に含めることである。為替予約から生じた時価評価差額を当期の利益計算に含めるのであれば，予定取引の損益も当期に計上して，両者を対応づける必要があるが，翌期に実施される外貨建取引の損益を当期に繰り上げることはできない。そこで

【図表10-3】では，時価評価差額10を翌年度の利益計算に反映させるため，デリバティブ会計の大原則に反して時価評価差額の純資産直入が行われているのである。

【図表10-3】 予定取引のヘッジ　　　　　　　　（単位：万円）

		直物相場	先物相場	取引の内容
仮設取引	①	$1=￥120	$1=￥117	1/31　4月末に製品を1万ドルで輸出し，その売掛金を5月末に回収する取引のために，ドル売り為替予約を締結した。
	②	$1=￥110	$1=￥107	3/31　決算日を迎えた。
	③	$1=￥105	$1=￥103	4/30　製品を1万ドルで輸出した。
	④	$1=￥100	−	5/31　売掛金1万ドルを回収し日本円に換金した。

	独立処理		振当処理
	外貨建取引	為替予約	
①		￥未収金 117／$未払金 117	￥未収金 117／$未払金 117
②		$未払金　10　　　　　　　　　　　／繰延ヘッジ利益　10	$未払金　10　　　　　　　　　　　／繰延ヘッジ利益　10
③	売掛金 105／売　上 105　　繰延ヘッジ利益 14　　　　　　　　　　　／売　上　14	$未払金　4　　　　　　　　　　／繰延ヘッジ利益　4	売掛金 117／売　上 117
④	現　金 100／売掛金 105　　為替差損　　5／	現　金 117／￥未収金 117　　$未払金 103／現　金 100　　　　　　　　　／為替差益　3	現　金 117／売掛金 117　　$未払金 107／￥未収金 117　　繰延ヘッジ　　　　　利益　10／

このようなヘッジ会計が適用できるのは，(a)そのヘッジ取引が企業のリスク管理方針に従っていることが取引開始時に客観的に認められ，(b)ヘッジ取引時以後もヘッジの効果が定期的に確認されている場合だけに限られる（金融商品に関する会計基準31項）。予定取引に関するヘッジ効果とは，将来に予定されている取引から生じる収入・支出の金額が前もって所定額に固定されることを意味する。【図表10-3】の取引で繰延ヘッジ会計が正当化されるのは，まさにこの要件を満たしているからである。

次に，外貨建取引の実施日③には円高が進行して先物相場が103となったた

め，独立処理では為替予約から，為替差益がさらに4だけ生じて，繰延ヘッジ利益は累計で14となる。この額は，ヘッジ対象の外貨建取引の時点で取り崩されて，当日の直物相場105で計上される売上高に上乗せされる結果，売上高は119となる。他方，振当処理では，当初の予約レート117を売上取引に振り当てて，掛売上の記録を行えばよい。

振当処理では，決済日にも予約レート117での現金回収記録が行われ，¥未収金や$未払金などの備忘記録も消滅する。他方，独立処理では外貨建取引の売掛金回収額を直物相場で換算することから，為替差損5が生じる一方で，$未払金103の決済に要する直物相場の低下から為替差益3が生じて，合計で為替差損は2となる。

この結果，独立処理では売上高119と為替差損2が利益計算に含められるのに対し，振当処理では売上高117だけが計上されることになり，純利益に及ぼす影響は同一であることがわかる。会計記録自体は独立処理より振当処理の方がはるかに簡便である。

5 通貨オプションの活用

為替予約は，外貨建取引の決済額を前もって日本円で確定させるための有効な手段であるが，為替差損の回避と同時に，為替差益を獲得するチャンスも失わせてしまう。たとえば輸出企業は，円安が進行すると外貨建取引の円換算額が増加するが，為替予約によって円換算額が固定されてしまうと，そのような恩恵は得られない。いったん契約した取引は，必ず履行しなければならないからである。

この欠陥を補うデリバティブが通貨オプションである。**通貨オプション**は，将来に特定の外貨を，前もって約束した特定のレートで取引する「権利」を売買の対象とする。この取引でオプション料とよばれる料金を支払って権利を買った者（オプションの買い手）は，将来時点が到来したときに，契約上の為替レートが有利である時だけ，買っておいた権利を行使すればよい。状況が不利なら，権利を放棄できるのである。

他方，オプション料という報酬を受け取って権利を売った側（オプションの売り手）には，そのような選択権はなく，買い手が権利行使する限り，売り手は自分にとっていかに不利な状況であろうとも，買い手の権利行使に必ず応じなければならない義務を負う。

　したがって為替リスク管理のためには，通貨オプションを売る契約（**売り建て**）ではなく，買う契約（**買い建て**）をしなければならない。

　通貨オプションを買う場合の対象となる権利には，外貨を「買う権利」（**コール・オプション**という）と，外貨を「売る権利」（**プット・オプション**という）がある。したがって保有するドル建資産の円高（＝ドル安）による目減りを心配する企業は，現在の高いレートでドルを「売る権利」を買っておけばよい。これをプット・オプションの買い建てという。逆に，負担するドル建負債が円安（＝ドル高）で増加することを心配する企業は，現在の安いレートでドルを「買う権利」を買っておけばよい。これをコール・オプションの買い建てという。

　これらの買い建ての通貨オプションが短期の外貨建債権債務に付されており，権利行使価格（契約上の為替レート）が決算時の為替相場より有利な状態にある場合，その企業は近い将来の決済時に権利行使することが確実に見込まれる。したがって為替予約の場合と同様に，決済時の円貨額が事実上確定していることになる。

　このため短期の外貨建金銭債権債務に付された通貨オプションがこのような状態にあるとき，債権債務の金額を権利行使価格に基づく円換算額に付け替えるのが振当処理である。この会計処理は，権利行使の確実性を考慮して，①契約締結から権利行使までの期間が「短期」の②「買い建て」オプションで③権利行使価格が「有利」な状態にあるものだけに限定されている点に注意を要する（外貨建取引等の会計処理に関する実務指針52項）。

　【図表10－4】は，輸出による売掛金の回収額が円高で目減りすることを懸念する企業が，円高時に権利行使することにより為替差損の負担額を抑制するために，通貨オプションを買い建てた仮設取引について，振当処理を行うため

の仕訳を示している。

【図表10−4】 通貨オプションの振当処理　　　　　（単位：万円）

	仮 設 取 引	振 当 処 理
1/31	1万ドルの製品を輸出し，1万ドルを売るプット・オプションを買い建てた。当日の直物相場は＄1＝¥120，権利行使価格は＄1＝¥118，支払オプション料（現金払い）は1ドル当たり1円である。	売 掛 金 120／売　　上　120 前 渡 金　　1／現　　金　　1
3/31	決算日を迎え，直物相場が＄1＝¥115になった。	為替差損　2／売 掛 金　2 支払オプション料　1 　　　　　　　／前 渡 金　1
5/31	売掛金を回収し，オプションの権利行使により日本円に換金した。当日の直物相場は＄1＝¥110である。	現　　金 118／売 掛 金 118

製品輸出とオプション買い建ての日には，権利行使価格が直物相場を下回っていて権利行使は不利なため，振当処理の要件は満たされていないから，外貨建取引は直物相場で換算し，支払オプション料は前渡金として資産計上する。しかし決算日には，権利行使価格が直物相場を上回って権利行使が有利となり，振当処理の要件が満たされるから，外貨建売掛金を権利行使価格で換算しなおすとともに，前渡金を取り崩して，支払オプション料として費用計上する。売掛金の回収日には，権利行使価格に相当する日本円が収入となる。

第11章 棚卸資産と固定資産の期末評価

1 原価会計における簿価の切り下げ

　棚卸資産や固定資産など，将来に費用となる資産は費用性資産とよばれ，その会計については，原価決定，原価配分，期末評価という３つの重要な共通論点がある。

　棚卸資産についていえば，①仕入や生産による取得原価を決定し，②その取得原価の総額を先入先出法や移動平均法などにより売上原価と次期繰越額へ配分し，③期末に繰越額を低価基準で評価して貸借対照表への計上額を決定する３つの会計手続がそれである。機械装置や建物のような減価償却を要する固定資産に関しては，この３つの会計手続は，①購入・自家制作・現物出資・交換・受贈による取得原価の決定，②この取得原価に定額法や定率法を適用して行う各期の減価償却費と次期繰越額への配分，および③期末に次期繰越額を対象として行う減損処理である。

　費用性資産に共通するこれら３つの論点のうち，本章では次期繰越額の期末評価を取り上げる。具体的には，時価が低下した棚卸資産の帳簿価額を時価まで切り下げる会計処理と，有形および無形の固定資産の回収可能価額が帳簿価額を大きく下回った場合の減損会計がそれである。

　これらのケースでは，資産の帳簿価額を時価またはその代替値まで切り下げることにより，結果的に資産が時価で貸借対照表に計上されるようになることから，これを時価会計の一環と位置づける見解もある。しかし本来の時価会計は，時価が帳簿価額を上回っても下回っても時価で評価する会計処理であるから，時価が帳簿価額を下回る場合だけ時価で評価する会計処理を時価会計とよぶ用語法は誤りである。棚卸資産への低価基準の適用も固定資産の減損処理も，時価会計ではなく取得原価会計の枠組みの中で理解すべきであろう。

2　棚卸資産の期末評価

(1)　棚卸減耗費

　棚卸資産の取得原価のうち，販売済の部分は売上原価として費用計上され，残額が期末在庫へ割り当てられるが，この金額がそのまま貸借対照表の棚卸資産の評価額として掲載されるわけではない。

　継続記録法が採用されている棚卸資産の帳簿上の期末在庫数量に対し，実地棚卸で判明した実際の在庫数量が不足するとき，その不足分を棚卸減耗という。棚卸減耗は，紛失や盗難による在庫の数量的減少分であるが，そのような不足分が発生していれば，その金額を**棚卸減耗費**として把握し，棚卸資産の期末評価額から切り捨てなければならない。この金額は，減耗による数量の減少が実地棚卸時に発生したと考えて，その時点での払出単価を乗じて行うが，払出単価は企業が採用する先入先出法や移動平均法などの原価配分方法に従って決定する。

　棚卸減耗のうち，毎期反復的に正常な金額で発生する部分は，事業活動に不可避なものとして費用計上が肯定される。したがって原材料・仕掛品に関するものは製造原価に算入し，製品・商品に関するものは売上原価または販売費に含めるのが妥当である。しかし臨時的または異常な原因で大量に発生した場合は，売上収益との対応関係が認められないから，特別損失の区分に計上するのが原則である。

(2)　販売目的で保有する棚卸資産の棚卸評価損

　棚卸減耗を除く数量は，期末に実在する在庫分であるが，その中には期末の時価が帳簿価額よりも下落しているものがある。時価が下落した棚卸資産については，資産価値が減少したものとして，貸借対照表の評価額を時価まで切り下げて，**棚卸評価損**を計上しなければならない。

　時価の下落が生じる主要な原因には，物理的な劣化，経済的な劣化，および市場の価格変動の3つがある。第1の物理的な劣化とは，キズ・ヨゴレ・型く

ずれなど，在庫品の保管や陳列中に品質低下による物理的欠陥が生じることをいう。また第2の経済的な劣化とは，物理的に欠陥がなくても，流行遅れや新製品の発売による旧式化などにより，資産が経済的に陳腐化して価値が低下することをいう。このほか第3の原因として，市場での需給変化に起因して市場価格が取得原価を下回った場合にも，棚卸評価損が発生する。

　かつては企業会計原則（第三・五・A，注解10）のもとで，企業は第1と第2の要因による棚卸評価損は期末に必ず認識するように求められてきたが，第3の要因によるものは計上しないことができた。すなわち棚卸資産の期末評価の基準として，原価基準と低価基準の間で選択することができたのである。時価が下落しても取得原価で評価し続けるのが**原価基準**であり，期末の時価と帳簿価額を比較して，いずれか低い方で評価するのが**低価基準**である。したがって原価基準を採用する企業は，市場の価格変動によって時価が帳簿価額を下回っても，棚卸評価損を計上しないことができていた。

　しかし国際会計基準（第2号「棚卸資産」9項）でも米国基準（ASC 330「棚卸資産」，会計基準更新書2015-11号）でも，低価基準が妥当な期末評価の基準とされてきた。また原価基準のもとでは，市場価格が低下して棚卸資産に含み損失が発生していても，評価損の計上が先送りされるという問題が生じてしまう。そこで企業会計基準第9号「棚卸資産の評価に関する会計基準」は，2008年4月以後に開始した年度から，通常の販売目的で保有する棚卸資産について，期末の正味売却価額が取得原価より下落している場合は，その正味売却価額をもって貸借対照表への計上額とするものとして，低価基準の適用を強制した（基準7項）。

　この会計基準に基づく棚卸資産の期末評価にあたり，帳簿価額と対比すべき時価は**正味売却価額**とよばれている。その金額は，売却市場での時価としての売価から，追加的な製造原価や販売に要する直接経費の見積額を控除して決定するが，決算日の売価が観察可能でなければ前後の販売実績を参照するなど，合理的な見積額による。営業循環過程から外れた滞留在庫などは，推定が困難な正味売却価額に代えて，処分見込価額や規則的に切り下げた評価額による。

原材料のように再調達原価の方が把握しやすく，それが正味売却価額と連動すると想定される場合は，再調達原価を時価としてもよい。

　簿価と時価の比較は，原則として個別品目ごとに行うが，複数の品目をグループ化した方が適切であれば，継続適用を条件としてグループ別に比較することができる。

　簿価の切り下げから生じた棚卸評価損は売上原価とするが，製品の生産に関して不可避的に発生するものは製造原価として処理する。ただし棚卸評価損が，事業部の廃止や災害損失の発生のような臨時の事象に起因し，かつ多額である場合は，特別損失に計上する。

　棚卸評価損を計上した在庫品の翌期首の会計処理には，前期末に計上した評価損を戻し入れて元の帳簿価額を復元する**洗い替え方式**と，切り下げ後の金額を翌期首に修正することなくそのまま帳簿価額として引き継ぐ**切放し方式**がある。企業は継続適用を条件として，棚卸資産の種類ごと，および簿価切り下げの要因ごとに，洗い替え方式と切放し方式の間で選択適用することができるが，棚卸評価損を特別損失に計上した棚卸資産は，切放し方式で会計処理しなければならない。

(3)　トレーディング目的で保有する棚卸資産の期末評価

　棚卸資産は，財やサービスの生産・販売などの事業を遂行する目的で保有されるのが一般的であるが，企業によっては当初から加工や販売の意図を持たず，単に市場価格の変動によって利益を得る目的で棚卸資産を保有することがある。これを**トレーディング目的**で保有する棚卸資産という。この目的が成立するには，たとえば貴金属のように，その資産を活発に取引できるように整備された組織的な市場の存在が前提となる。

　企業がトレーディング目的で保有する在庫品は，外見的には棚卸資産であっても，売買目的有価証券と同様の金融商品としての性質を有する。すなわち事業の遂行を妨げることなくいつでも市場価格での換金が可能であり，転売して換金する以外に保有目的を達成する方法もない。したがって市場価格こそが適

切な評価額である。

このためトレーディング目的で保有する棚卸資産は，決算にあたり期末時点の市場価格で評価して貸借対照表に計上するとともに，取得原価との評価差額を純額で売上高に表示することにより，当期の損益として処理する。

3　固定資産の期末評価

固定資産への投資は，それが有形固定資産であれ無形固定資産であれ，また機械装置や特許権のような償却資産であれ，工場の敷地のような非償却資産であれ，営む事業から回収される金額が投資額を十分に上回ることを期待して実施されたものである。しかし資金投下後の技術革新や市場環境の変化などによって，その資産の収益性が急激に低下することがある。固定資産の収益性の低下により，投下資金額の完全な回収が見込めなくなった状態を**減損**という。このような状態に至った場合は，固定資産からの回収可能価額の低下を反映して，帳簿価額を回収可能価額まで切り下げる**減損処理**を行わなければならない。

固定資産の減損処理は，企業会計審議会が2002年に定めた「固定資産の減損に係る会計基準」に準拠し，3段階の判断を経て実施される。①現存の兆候の有無の判断，②現存の兆候がある固定資産の帳簿価額と将来キャッシュ・フロー合計額（割引前）との比較，および③割引前キャッシュ・フローの方が小さい固定資産の帳簿価額を，回収可能価額まで切り下げて行う減損損失の計上がそれである。その概要は次のとおりである。

3段階の判断を行うに先立って，企業が保有する固定資産を，他の固定資産からはおおむね独立したキャッシュ・フローを生み出すか否かを基準として，減損の判定単位へできるだけ細かく区分する。区分された判定単位は，単独の資産から成ることもあれば，多数の資産を含む資産グループのこともある。

固定資産の中には，このようにして区分された減損判定単位の複数のものにまたがって将来キャッシュ・フローの生成に寄与する資産がある。その代表例が，企業結合から生じたのれんと，本社ビルや福利厚生施設などの共用資産である。これらの資産については，複数の判定単位を合体させてより大きな区分

を形成して判定するのが原則であるが，のれんや共用資産の帳簿価額を，それが関連する複数の減損判定単位に配分してもよい。

このようにして区分された個別資産または資産グループごとに，最初に減損の兆候の有無を検討する。ここに**減損の兆候**とは，減損が生じている可能性を示す事象をいう。その資産を使用する事業に関して，たとえば①損益計算書における営業損益やキャッシュ・フロー計算書における営業活動からのキャッシュ・フローの継続的なマイナス，②事業再編（リストラクチャリング）の実施，③強力な競争相手の登場などの経営環境の著しい悪化，④同じ資産の市場価格の著しい下落などの状況が生じた場合がそれである。この第1段階において，減損の兆候がないと判断されれば，それ以上の手続を行う必要はなく，固定資産の期末評価はこの段階で終了する。

しかし減損の兆候が存在する場合には，第2段階の判断のために，個別資産または資産グループから生み出される将来キャッシュ・フローの割引計算前の合計額を見積もり，帳簿価額と比較する。そして割引前キャッシュ・フローの合計額が帳簿価額を下回る場合に初めて，減損損失を計上するために，固定資産からの回収可能価額を測定するための第3段階に移行するのである。将来キャッシュ・フローについて割引後の現在価値ではなく，割引計算前の金額と比較するのは，測定が主観的になりがちな減損損失の発生が相当程度に確実な場合にだけ，減損損失が計上されるようにするための工夫である。

第1段階での減損の兆候の有無の判断や，第2段階で帳簿価額との比較対象として割引前キャッシュ・フローを用いる方式が採用されず，すべての固定資産についていったん回収可能価額を実際に算定したうえで，帳簿価額との比較を行う方式が採用されていたとしたら，固定資産の期末評価に要する企業の負担は，非常に大きなものになっていたであろう。現行の会計基準が採用する3段階の判断を経る方式は，会計処理に要するコストを削減するのに役立っている。

4　減損損失の測定

　会計基準の規定に従い，第1段階の判断で減損の兆候が存在し，第2段階の判断で割引前キャッシュ・フローでさえも帳簿価額を下回るため，減損損失の認識が必要な資産については，その帳簿価額を**回収可能価額**まで減額して，減額分を減損損失として当期の特別損失に計上する。そのために第3段階として必要な手順が，個別資産または資産グループの回収可能価額の測定である。

　企業が固定資産への投資額を回収する方法には，固定資産の売却による方法と，固定資産を継続使用して生産した財やサービスの販売による方法があるが，企業はいずれか有利な方を選択するはずである。固定資産を売却する方法を選択すれば，売却時価から売却に要する費用の見込額を控除した**正味売却価額**が回収される。他方，財やサービスの生産・販売のために継続使用することを選択した場合の評価額は**使用価値**とよばれ，財やサービスの販売からの将来キャッシュ・フローを予測し，それに適切な割引率を適用して算定された割引現在価値によって測定される。したがって固定資産の回収可能価額は，このようにして算定される正味売却価額と使用価値のうち，いずれか大きい方である。【図表11－1】の仮設例は，この規定に基づく減損損失の測定を例示している。

【図表11－1】　減損損失の認識と測定

[設例]
　保有中の機械（取得原価80万円，減価償却累計額16万円）について減損の兆候が見られるので，当期末に将来キャッシュ・フローを予測したところ，残存する5年の耐用年数の各年につき10万円ずつのキャッシュ・フローを生じ，耐用年数経過後の処分収入はゼロであると見込まれた。このキャッシュ・フローのリスクを考慮し，機械の使用価値を算定するのに適切と思われる割引率は年8％であると判断した。この機械の現時点での正味売却価額は15万円である。

[会計処理]
第1段階の判断：減損の兆候が存在する。
第2段階の判断：割引前キャッシュ・フロー（10×5年＝50万円）が，帳簿価額（80－16＝64万円）を下回るので，減損損失の計上が必要である。
第3段階の判断：使用価値（399,271円）の方が正味売却価額（15万円）より大きいので，使用価値が回収可能価額であり，帳簿価額との差額（240,729

円)を減損損失として計上する。
使用価値(将来キャッシュ・フローの割引現在価値)の計算は次のとおり。

$$\frac{100,000}{1+0.08}+\frac{100,000}{(1+0.08)^2}+\frac{100,000}{(1+0.08)^3}+\frac{100,000}{(1+0.08)^4}+\frac{100,000}{(1+0.08)^5}$$
$$=92,593+85,734+79,383+73,503+68,058=399,271$$

[決算整理仕訳]
(借)減 損 損 失　　240,729　　（貸)機　　　　械　　240,729

　複数の資産から構成される資産グループについて認識された減損損失の金額は、構成資産の帳簿価額などの合理的な基準によって配分し、各資産の帳簿価額を減額する。その資産グループにのれんが含まれているとき、減損損失はのれんに優先的に配分する。のれんは組織再編でターゲットとなった企業の超過収益力を根拠として資産計上されたものであるが、減損の発生は超過収益力の喪失を意味するからである。したがって、このようにしてのれんに優先配分した結果、のれんの帳簿価額をゼロまで引き下げてもなお配分されずに残る減損損失があれば、その残額をのれん以外の固定資産に配分することになる。【図11－表2】の仮設例は、この会計処理を例示している。

【図表11－2】　減損損失の配分

[設例]
　数年前に他企業を合併して取得した事業に関連する資産グループについて、減損損失を計上する。この資産グループについて見積もられた回収可能価額は210万円であり、この資産グループに含まれる項目の帳簿価額(減価償却累計額の控除後)は、建物が80万円、機械が200万円、のれんが32万円である。

[配分計算]
　帳簿価額合計312(＝80＋200＋32)－回収可能価額210＝減損損失102
　減損損失102をのれん32に優先配分した残額70を、帳簿価額の比率に基づいて建物と機械に80：200で配分すれば、建物に20、機械に50が配分される。（単位：万円）

[決算整理仕訳]
(借)減 損 損 失　　1,020,000　　（貸)建　　　　物　　200,000
　　　　　　　　　　　　　　　　　　　機　　　　械　　500,000
　　　　　　　　　　　　　　　　　　　の　れ　ん　　320,000

いったん減損処理を実施した減価償却資産は，減額後の新しい帳簿価額を基礎として，その後の減価償却を規則的に実施する。減損損失の計上後に回収可能価額が回復しても，減損損失の戻し入れを行ってはならない。

5　帳簿価額を切り下げる論拠

棚卸資産の評価損の計上と固定資産の減損損失の計上は，これらの資産への投資額について回収が見込めなくなった場合に，過大な帳簿価額を回収可能額まで減額し，将来に損失を繰り延べないために行う会計処理である点で，共通性をもっている。

このような会計処理の存在理由としてしばしば提示されるのは，**保守主義**の理念である。企業会計原則の一般原則の1つとしても，「企業の財政に不利な影響を及ぼす可能性がある場合には，これに備えて適当に健全な会計処理をしなければならない」として，保守主義の原則が掲げられている。この原則でいう健全な会計処理とは，利益額や純資産額を控え目に計上することになる会計上の取扱を意味しており，これを実行するために，予想される損失を早期に計上する一方で，収益は予想の段階ではなく確実になるまで待って計上するという形で，利益より損失を早く認識する方法が採用される。

これに対し，2010年に改訂された国際財務報告基準（IFRS）の概念フレームワークでは，会計情報が具備すべき基本的な質的特性である「忠実な表現」の達成に必要な「中立性」と相反するとの理由で，保守主義に相当する「慎重性」が質的特性のリストから削除された。それにもかかわらず，保守主義（慎重性）は，将来の不確実性に対処して企業の存続を確保するための手段としてだけではなく，財務会計が果たすべき情報提供機能や利害調整機能を促進するのに必要な理念として，根強い支持を受け続けている。

そのような保守主義をめぐる近年の研究では，無条件保守主義と条件付保守主義を区分して考察する見解が有力である。**無条件保守主義**とは，不確実な将来に関して事後的に判明する結果とは無関係に，純利益や純資産が常に少な目に計上されることになる会計処理を意味しており，研究開発支出の一括的な費

用処理や，定額法ではなく定率法による減価償却などが，その該当例として挙げられる。他方，**条件付保守主義**とは，企業に不利な状況の発生が事後的に判明したこと条件として，純利益や純資産を減額する会計処理を行うが，逆に企業に有利な状況が事後的に発生しても，純利益や純資産を増額する会計処理は行わない取扱を意味する。時価の下落時に棚卸評価損を計上するが，時価が簿価を上回っても棚卸資産の評価増を行わない低価基準の適用や，固定資産への投資額が回収可能性を喪失したら減損損失を計上するが，回収可能額が簿価を上回っても固定資産の評価を増額しない会計処理は，条件付保守主義の典型例である。

　これらの保守主義については，実務上の必要悪や経験的知恵として位置づけるのではなく，財務会計の利害調整機能や情報提供機能を促進する手段として，その効用を積極的に評価しようとする試みが展開されている。たとえば棚卸資産や固定資産の簿価の切り下げは，経営者を適切な投資行動へと誘導することにより，株主と経営者のエイジェンシー関係に起因する利害対立の解消に役立つとされる。すなわち事後的な簿価の切り下げの可能性が存在することにより，経営者は在庫投資や設備投資を慎重に決断するよう動機づけられるだけでなく，投資の継続中も厳密な採算管理が必要となり，また投資の失敗が事後的に判明した時点での簿価切り下げが契機となって，当該投資の清算や投資行動の転換が促されるであろう。このようにして在庫や固定資産への過剰投資の抑制を通じて，株主と経営者の間のエイジェンシー問題が軽減されるものと期待することができる。

　他方，財務諸表で伝達される純資産と利益の情報から個々の投資者が本源的価値を推定し，市場で形成されている株価との比較を通じて行う意思決定を促進するために，財務会計が果たすべき情報提供機能の観点から，簿価切り下げの効用は次のように理解することができる。株式の本源的価値の決定要因として，①現在の純資産額と，②その純資産額が将来期間にわたって資本コストを超過してもたらすであろう予想利益が非常に重要であることは，改めて指摘するまでもない。棚卸評価損や減損損失の計上が行われなかった場合に比べ，こ

れらの帳簿価額の切り下げが行われると，純資産額の過大分が減額により修正されるだけでなく，将来のいつまで続くか明らかではなかった低い資本利益率が改善されることになる。資本利益率を低くしていた在庫や固定資産への投資の失敗部分は，失敗が判明したのちには同様の投資は反復されないという意味で，持続性のない損益部分である。したがって持続性に欠ける損益要因を排除した利益情報は，投資者が本源的価値の推定のために行うべき将来期間の利益予測を改善するうえで，大きな効用をもたらすものと期待することができる。

第12章 退職給付の会計

1 営業上の固定負債

　企業の固定負債の多くは，社債や長期借入金など他人資本の調達と関係しているが，財やサービスの生産と販売などの事業活動に関連し，相対的に重要性が高い項目として，退職給付引当金（連結では「退職給付に係る負債」）と資産除去債務がある。このうち本章では，事業活動に関連する固定負債の代表的項目として，どの企業にとっても影響力の大きい退職給付の会計処理を取り上げる。

　退職給付会計は難解であるといわれる。その理由の多くは，会計処理の対象とされる退職給付の仕組み自体が，十分に周知されていないことにある。したがって制度そのものの理解が先決問題であるが，多岐にわたる制度の全貌をここで論じることはできない。しかし幸いにして，退職給付会計の理解に必要な予備知識は，それほど多くない。①確定拠出型と確定給付型の区別，②一時金支給と年金支給の区別，および③内部引当と外部積立の区別がそれである。

2 退職給付の制度

　政府が運営する公的年金が「賦課方式」を採用するのに対し，企業が運営する退職給付制度では「積立方式」が採用されている。**賦課方式**とは，老齢者への支給に必要な資金額を，現役世代の加入者に割り当てて徴収する方式であり，世代間の扶助によって成立している制度であるといえる。しかし人口構成の老齢化により，老齢世代を支えるのに必要な現役世代の負担がますます重くなり，問題が生じつつあることは周知のところである。

　これに対し企業の退職給付制度で採用される**積立方式**は，企業や従業員が過去に拠出した資金額とそれを運用して得られる収益を財源として，退職者に金

銭が支給される方式である。その支給額が事前に確定しているか否かにより，この方式は確定拠出型と確定給付型に区分される。**確定拠出型**は，事前に積み立てられる毎期の拠出額だけが確定しており，将来の給付額は現実の資金運用の巧拙に依存して左右されるタイプをいう。資金運用の巧拙により収益が変動するリスクは，加入者たる従業員が負担するのである。したがって企業は，毎期の拠出額を退職給付費用として人件費に計上すればよく，それ以上の負担は負わない。

　他方，これまで多くの日本企業が採用してきた**確定給付型**の制度では，将来に退職者が受け取る給付額が，資金運用の成果とは無関係に，あらかじめ一定の計算式で定められている。したがって掛金として拠出された資金の運用収益が計画と相違した結果，十分な財源が準備できなくなることのリスクは従業員に及ばず，すべて企業によって負担されることになる。企業のこの負担は，労働協約や雇用契約で義務づけられた条件付債務であるから，その評価額は負債として計上しなければならない。

　退職給付制度に関する第2の視点は，一時金支給と年金支給の区別である。一時金支給は，従業員が退職する時点で全額を退職一時金として一括支給する方式であり，年金支給はそれを分割して均等額ずつ何年かにわたって支給する方式である。ただし退職一時金と退職年金は，その割引現在価値が等しくなるように容易に調整が可能であるから，会計処理に関する限り，この区別は重要な問題ではない。重要問題は，企業が従業員の退職時までに十分な支払財源を準備することである。

　その準備方法には，内部引当と外部積立の2方式がある。「内部引当」は，企業の内部で支払財源を蓄積する方法である。ただしこの方式では，支払いに充当する資金を資産側で特定して拘束しておかないと，実際の支給には支障をきたすことになる。このことが一因となって，多くの企業は「外部積立」方式を採用するようになっている。

　外部積立の制度は，自社内で支払の準備をするのではなく，企業が生命保険会社や信託銀行と契約を締結して，毎期計画的に所定の掛金を払い込む代わり

に，退職に伴う従業員への給付は，生命保険会社等で蓄積された財源から支払われる方式である。企業が払い込んだ掛金は，社外で蓄積されるとともに，有価証券等へ運用されて利子や配当または値上がり益を得て増殖される。

内部引当の場合は，企業が従業員に対して負っている退職給付の支払義務の全部が，その企業の債務であるから，その評価額を貸借対照表に退職給付引当金として計上しておかなければならない。これに対し外部積立では，退職給付は社外の基金から支払われるから，社外に十分な支払財源が形成されている限り，退職給付の支払義務が企業の貸借対照表に負債として計上される余地はない。財源が不十分な場合にのみ，所定の不足額が退職給付引当金として認識されるのである。

3　勤務費用と利息費用

退職給付会計は，企業会計基準第26号「退職給付に関する会計基準」に準拠して行われる。その会計処理のポイントは，従業員の将来の退職時点での退職給付額を見積もったうえで，それを当該従業員の勤続期間中の各年度に配分して，費用として計上することである。この手順を具体的に考察するために，次のような例を考えよう。

いま，当期の期首に入社して働き始めたA氏に対して，当期末から34年後の定年時に退職一時金を支給することが約束されており，その金額が［退職直前の年間給与額×勤続年数×0.05］という計算式に従って算定されるものとする。したがってこれは前述の確定給付型の制度である。またここではA氏が年金ではなく一時金を選択するものと仮定するが，会計処理の観点からすれば，年金と一時金の差異が本質的なものではないことはすでに説明したとおりである。

確定給付型の退職給付制度の会計処理で最初に必要になるのは，将来の退職に伴って支給すべき給付額を，原則として各従業員別に見積もることである。この見積には，遠い将来までの昇給を展望して，退職直前の年間給与額を予測するとともに，途中退職の可能性や確率を考慮して，勤続年数の期待値を算定する作業が必要になる。そのような予測には大きな不確実性があるが，A氏の

退職直前の年間給与が1,000万円,勤続年数が35年(すなわち当期1年＋当期末から34年)と見積もられたとすれば,A氏の定年時の退職一時金の額は,〔1,000万円×35年×0.05＝1,750万円〕と算定される。

退職給付額が特定されると,次の作業は,この金額を勤務期間中の各年度に合理的な方法で配分することである。その配分方法にはいくつかの代替案が考えられるが,合理的であると思われる1つの方法は,勤務期間を基準として毎期に均等額を配分する方法(**期間定額基準**という)である。このとき前述の例示における各期の配分額は〔退職給付額1,750万円÷(当期1年＋残り34年)＝50万円〕となる。

なお日本の企業は,終身雇用を前提として従業員の勤務期間の全体給与を体系的に定めていることが多く,そのような場合には各期の給与額が労働の対価を合理的に反映しているものと考えることができる。そのような企業については,生涯給与額に占める各期の給与の割合を基準として配分を行う方法(**給付算定式基準**という)も適切である。

ここでは期間定額基準により50万円ずつ配分されるものとするが,この額をそのまま各期の人件費として費用計上するのは妥当ではない。なぜならば当期分の50万円が実際に支払われるのは,当期末から見て34年後であるからである。したがってこれを現時点で評価するには,所定の割引利子率(ここでは5％と仮定)を適用して,次のように割引現在価値を計算する必要がある。

$$500{,}000円 \div (1+0.05)^{34} = 95{,}177円$$

この金額こそが,当期負担分の退職給付費用として人件費に含められるべき金額であると同時に,将来の退職給付支払義務に関して,当期末時点で企業が負債として認識しておくべき金額をも意味する。

(借)退職給付費用　　95,177　　(貸)退職給付引当金　　95,177

この計算で用いるべき割引率は,安全性の高い長期の債券の利回りを基礎として決定することになっている。たとえば長期の国債,政府機関債および優良社債の利回りがそれである。これに関して留意すべき重要な事実は,割引利子率が小さくなるほど,各期の費用額と引当金の計上額が大きくなることである。

たとえば割引率が5％ではなく2％であるとすると，現在価値は［500,000円÷(1＋0.02)^{34}＝255,014円］となり，マイナス金利（たとえば▲0.5％）を適用すると［500,000円÷(1－0.005)^{34}＝592,905円］となって，割引前の額より大きくなる。このため企業会計基準委員会は，実務対応報告第34号「債券の利回りがマイナスとなる場合の退職給付債務等の計算における割引率に関する当面の取扱い」を定め，マイナス金利をそのまま適用する方法と，この金利をゼロとする方法の両方を，是認している。

　以上が第1年度の計算であるが，第2年度についても同様に考えて，［500,000円÷(1＋0.05)^{33}＝99,936円］と計算すればよい。このようにして計算される各期の割引現在価値は，その期間の労働の対価として発生した費用額であることから，**勤務費用**とよばれる。

　しかし第2年度が負担すべき費用項目は，この勤務費用だけではない。第2年度には，第1年度末に認識された債務に対する金利が発生するのである。すなわち第1年度末に退職給付引当金として計上された債務は，支払いが行われないまま第2年度末まで繰り越されたわけであるから，1年間に［元金95,177円×利率5％＝4,759円］の利子を生じているはずである。この部分は，**利息費用**とよばれ，これもまた退職給付費用の一要素として計算に含めなければならない。したがって第2年度の人件費として計上する退職給付費用と，第2年度末時点で追加的に認識すべき債務額は，［勤務費用99,936円＋利息費用4,759円＝104,695円］となる。

　（借）退職給付費用　　104,695　　（貸）退職給付引当金　　104,695

　企業が社外に基金を設定しないとすれば，このようにして各期末に退職給付費用と退職給付引当金が計上され，認識された退職給付債務額が退職給付引当金という項目名で固定負債の一項目として累積されていくのである。

4　外部積立方式の運用収益

　退職給付の支払財源を企業みずからが社内で準備する内部引当に代えて，近年には外部積立の方式を採用するのが一般的になっていることは前述のとおり

である。外部積立の方式をとる場合，企業は生命保険会社や信託銀行などと契約して，退職給付の支払財源となる基金を社外に設立し，その基金に対して定期的に掛金を払い込んでおき，従業員の退職時には基金の財源から従業員へ退職給付が支払われることになる。このようにして社外の基金へ掛金を拠出すれば，それに応じて企業みずからの債務は減少するから，退職給付引当金の設定額もその分だけ減額される。

たとえば前述の第1年度の退職給付費用の額に対し，企業拠出額が8万円であれば不足分の15,177円だけが母体企業の退職給付引当金として負債計上され，逆に拠出額が10万円であれば超過分の4,823円が前払費用として，母体企業で資産計上されるのである。

（借）退職給付費用　95,177	（貸）現　金　預　金　80,000	
	退職給付引当金　15,177	
（借）退職給付費用　95,177	（貸）現　金　預　金　100,000	
前　払　費　用　4,823		

他方，企業が拠出した掛金は，基金の収入となり，基金がそれを有価証券等で運用して受取利息や受取配当金または有価証券売却益などを獲得すれば，その運用収益が基金に組み入れられて基金の額は増殖する。したがって運用成績が良好であれば，その分だけ早く基金が必要額に達するから，母体企業の負担額は軽減される。たとえば前述の例示の続きとして，第1年度末の拠出額8万円の運用により，第2年度中に6％の運用収益率が達成されると，企業の費用負担は［80,000円×0.06＝4,800円］だけ軽減される。

この結果，第2年度の退職給付費用の金額は，［勤務費用99,936円＋利息費用4,759円－期待運用収益相当額4,800円＝99,895］となる。したがってこの企業が，第2年度末にも8万円の掛け金を拠出する場合，第2年度末の会計記録は次のとおりである。

（借）退職給付費用　99,895	（貸）現　金　預　金　80,000	
	退職給付引当金　19,895	

この関係を所与とすれば，昨今における低金利に象徴されるような資金運用

の不振は，期待運用収益相当額の減少を通じて，各期の退職給付費用と負債計上額を増加させることがわかる。

ここで第 2 年度末の基金の財政状態を考察することにより，母体企業のこれまでの会計処理が正しかったことを確認しておこう。【図表12－1】に示すのは，企業の外部に設立された基金の財政状態を，貸借対照表の形式で示したものである。発生済みの退職給付債務は，利息費用も含めて199,872円であり，この支払いのために基金が保有している財源は，第 2 年度中の運用成果も含めて164,800円に達している。したがって退職給付債務に対する基金の資産の不足分は35,072円であるが，実はこの金額が母体企業の第 2 年度末の貸借対照表に退職給付引当金として負債計上されているのである。

【図表12－1】 基金の財政状態

（資産）			（負債）	
1 年目の掛金受入額		80,000	1 年目の勤労から生じた債務	95,177
基金の運用成果		4,800	上記の債務に発生した金利	4,759
2 年目の掛金受入額		80,000	2 年目の勤労から生じた債務	99,936
計		164,800	計	199,872
差額35,072＝退職給付引当金の累計				
内訳	第 1 年度末	15,177		
	第 2 年度末	19,895		

このことから，外部積立方式では，退職給付債務と基金の資産を相殺した純額が，母体企業の貸借対照表に退職給付引当金として負債計上される仕組みになっていることがわかる。逆に，基金の資産額が退職給付債務額より多ければ，差額が母体企業の貸借対照表に前払費用として資産計上されるのである。

以上の分析の結果，外部積立方式を採用する企業については，次の 2 つの等式が成立することがわかる。

　　損益計算書の退職給付費用＝勤務費用＋利息費用－期待運用収益相当額
　　貸借対照表の退職給付引当金＝発生済みの退職給付債務－基金の資産額

5　数理計算上の差異

　前述の退職給付費用の計算で控除される基金の運用収益は，基金の保有資産の運用から生じる収益の期待額であり，現実に達成された実績額ではない。この点については，期待額ではなく運用実績を事実どおりに反映した基金の財政状態を，そのままストレートに母体企業の費用計算や引当金の計算に反映させる方が適切であるとの見解もあり得るであろう。

　もしその方法を採用すれば，母体企業が計上すべき費用額は期間によって大きく変動することになる。なぜならば年金資産の運用実績は，毎期反復して生じる受取利息や受取配当金よりも，むしろ保有証券の時価変動による損益によって顕著な影響を受けるからである。たとえば日本経済が1990年代の初めに経験したような有価証券の時価暴落時には，時価で評価した基金の運用実績がマイナスになるため，これをそのまま費用計算に反映すれば，その期には著しく多額の退職給付費用と引当金の計上が必要になる。

　しかし退職給付制度は，元来，長期平均的に収支が均衡するように，はじめから計画的に運営されているものである。ある期間にキャピタルロスが生じても，それが別の期間のキャピタルゲインによって相殺されるならば，制度の運営には差支えがない。そのような退職給付制度の長期的な性質を考慮すれば，母体企業の費用計算でも，期間ごとの運用実績ではなく，長期平均的に達成されるであろう期待収益を基礎とするのが合理的であるといえよう。

　このようにして期待運用収益が会計計算に組み込まれる結果，退職給付の支払財源たる基金の蓄積は，必ずしも当初の計画どおりには進行しない状況が生じる。実績額が計画額から乖離して大きな不足が生じるのである。しかも差異の原因は，基金の運用の巧拙だけにはとどまらず，退職給付債務の見積に用いられた昇給度合や割引利子率をはじめ，途中の死亡者や退職者の割合が予想と相違するなど，差異の源泉は多様である。これらの差異は，退職給付債務の数理計算に用いられるデータの計画値と実績値の乖離に由来する差異であるため，「数理計算上の差異」とよばれる。

数理計算上の差異に重要性が乏しければ，それらは長期平均的に相殺されるであろうから，何ら特別な会計処理は必要とされない。しかし重要な差異が生じたときは，会計上でも対処が必要となる。そのような対処方法としては，(a)差異の全額をその発生年度で一括して損益に計上して修正するか，(b)将来の所定期間にわたり分割して損益に計上して修正する方法が考えられる。

このうち「退職給付に関する会計基準」は，個別財務諸表上の会計処理方法として(b)の方法を定めている。数理計算上の差異は，長期的性格の誤差であるから平準化して調整すべきこと，および差異の原因が将来の予測数値の修正を反映したものである場合もあることを考えれば，差異額を将来の期間へ配分する(b)の方法にも合理性が認められる。将来期間に配分すると，財務諸表への計上がその時点まで延期されることから，この会計処理方法は**遅延認識**とよばれる。

6　過去勤務費用

遅延認識の対象となり得るもう1つの項目は，過去勤務費用である。**過去勤務費用**とは，退職給付制度を新設したり退職給付の水準を向上させるような改訂を行った場合に，従前の給付水準に基づく計算との差異として，企業が追加的に負担しなければならなくなる金額をいう。

たとえば前述の設例では，A氏の退職一時金が［退職直前の年間給与額1,000万円×勤続年数35年×0.05＝1,750万円］として例示計算されているが，もしこの企業がいま，退職給付水準をグレード・アップするために，第2年度末の時点で算定式の0.05を0.06に引き上げたとしよう。このような改訂は，これからの勤務期間についてだけでなく，A氏のこれまでの2年の勤務期間についても適用されるのが一般的である。さもなければ，今後の新規雇用者との間で不公平が生じて，勤続者の勤労意欲をそぐおそれがあるからである。

しかし新しい算定式に基づくと，第2年度末現在でのA氏に関する退職給付費用は【図表12－2】のように計算され，従来の債務額との間に39,976円の差異を生じる。これがこの場合の過去勤務費用である。

【図表12-2】　過去勤務費用の例示

- 退職時の一時金の額　　　1,000万円×35年×0.06＝2,100万円
   1年当たりの負担額　　　2,100万円÷35年＝60万円
- 第2年度末現在での新しい退職給付債務
   1年目の勤務から生じた債務　　　　600,000円÷(1＋0.05)^{34}＝114,213円
   上記債務から生じた2年目の利息費用　114,213円×利率5％＝　5,711円
   2年目の勤務から生じた債務　　　　600,000円÷(1＋0.05)^{34}＝119,924円
   　　　　　　　　　　　　　　　　　　　　　　　計　　239,848円
- 過去勤務費用＝新しい債務額239,848－従前の債務額199,872＝39,976円

　過去勤務費用の会計上の取扱についても，数理計算上の差異と同様に，(a)差異の全額をその発生年度で一括して損益に計上して修正する方法と，(b)将来の所定期間にわたり分割して損益に計上して修正する方法が考えられるが，「退職給付に関する会計基準」が規定するのは(b)の方法である。なぜならば，退職給付のグレードアップは，従業員の勤労意欲の向上を通じて将来の収益獲得への貢献を期待できるから，従業員の残存勤務期間にわたって配分し，毎期均等額ずつこれを追加計上するのが合理的と考えられるからである。

　この方式を採用すれば，各期の退職給付費用は，①勤務費用，②利息費用，③年金資産の期待運用収益のほかに，④数理計算上の差異の配分額，および⑤過去勤務費用の配分額から構成されることになる。

7　連　単　分　離

　しかし数理計算上の差異と過去勤務費用に関して遅延認識を行っただけでは，退職給付債務額からみた年金資産の積立状況が，貸借対照表の本体において明らかにはならない。長期平均的な視点とは別に，決算日という一時点では，退職給付債務額に対する年金資産の積立不足額は，退職給付制度の母体企業が従業員に対して負担すべき義務に相当する。したがって，過去の取引や事象の結果として企業が支配している経済的資源を放棄もしくは引き渡すべき義務という負債の定義に照らせば，この不足額は明らかに母体企業にとっての負債である。

　そこで「退職給付に関する会計基準」は，連結財務諸表に限り，次の会計処

理を追加的に行うことを規定する。すなわち過去勤務費用や数理計算上の差異に起因して、年金資産額が退職給付債務に満たない不足額（たとえば50,000とする）を負債として追加計上するため、退職給付引当金（たとえば前記の35,072）を含めた合計額を、「**退職給付に係る負債**」という項目名で、連結貸借対照表に計上するのである。

（借）退職給付引当金　　　　35,072　　　（貸）退職給付に係る負債　　　85,072
　　　　退職給付に係る調整額　50,000

借方の**退職給付に係る調整額**は、将来の年度にも分割して負担させるべき未実現の損失であるから、連結貸借対照表の純資産の部で「その他の包括利益累計額」の1項目（科目名は「退職給付に係る調整累計額」）として計上される。したがって将来の年度では、分割負担額（ここでは10年の均等取崩を仮定して、50,000÷10年＝5,000とする）が、次の会計処理を通じて当期純利益の計算に含められる。これを**組替調整**（リサイクリング）という。

（借）退職給付費用　　　　　5,000　　　（貸）退職給付に係る調整額　　　5,000

これら一連の会計処理により、個別財務諸表と連結損益計算書では遅延認識を維持しつつ、連結貸借対照表に年金資産の積立状況を反映させることが可能となる。この結果、退職給付に関する負債の項目は、個別貸借対照表では「退職給付引当金」の名称で表示され、連結貸借対照表では「退職給付に係る負債」という科目名で表示されることになる。このようにして、数理計算上の差異と過去勤務費用に関する会計処理が、個別（単体）財務諸表と連結財務諸表で異なるため、この取扱は**連単分離**とよばれている。

この追加処理が連結決算に限定されたのは、連結財務諸表を直接の適用対象とする国際的な会計基準との調整を目的としたことによる。財務会計に期待される機能のうち、証券市場への情報提供機能が主として連結財務諸表によって遂行されるのに対し、配当制限や課税所得計算などを通じた利害調整に用いられるのは個別財務諸表である。したがって退職給付会計に関して連結決算と同じ取扱を個別財務諸表にも導入するには、利害関係者の間で事前に合意形成すべき多くの課題が存在する。

なかでも重要なのは，個別貸借対照表を出発点として規定されている会社法上の配当制限における「退職給付に係る調整累計額」の取扱である。借方残高となる「退職給付に係る調整累計額」は，その本質が未実現の損失を意味する点で，借方残高となる「その他有価証券評価差額金」と同じ性質を有する。そして「その他有価証券評価差額金」は，もしそれが借方残高であれば，配当の効力発生日の分配可能額の算定に際して追加的に控除される（会社計算規則第158条）。「退職給付に係る調整累計額」もこれと同じ取扱にすべきかについて，利害関係者間での合意形成が必要とされている。

第13章 純資産の部の構成項目

1 純資産の部の区分表示

　【図表13－1】は，本章で取り上げる貸借対照表の純資産の部に焦点を当てて，その主要な項目の位置づけを勘定式で表示したものである。この区分表示に関連する重要な論点は，企業会計原則の一般原則の3番目に掲げられた資本と利益の区別の原則であり，そこでは「資本取引と損益取引とを明瞭に区別し，特に資本剰余金と利益剰余金とを混同してはならない」とされている。

【図表13－1】 貸借対照表の区分表示

資産の部	負債の部				
	純資産の部	株主資本	資本金		
			資本剰余金	資本準備金	
				その他資本剰余金　○ 　資本金減少差益，資本準備金減少差益， 　自己株式処分差益	
			利益剰余金	利益準備金	
				その他利益剰余金	任意積立金　○
					繰越利益剰余金　◎
			自己株式　▲		
		評価・換算差額等（その他の包括利益累計額） 　その他有価証券評価差額金△，繰延ヘッジ損益，土地再評価差額金△， 　退職給付に係る調整額，為替換算調整勘定			
		新株予約権			
		非支配株主持分			

　企業経営が順調であれば，当期純利益が獲得された分だけ株主資本も増加するが，株主資本が増加しても，そのすべてが当期純利益の獲得に起因するわけ

ではない。たとえば新株発行に伴う増資も株主資本を増加させるから、そのような資本取引に起因する株主資本の変化分を区別しない限り、当期純利益を適切に算定することはできない。

また債権者保護を目的とした配当制限（たとえば獲得した利益は分配してもよいが株主が元手として払い込んだ資本は分配してはならないという基本的なルール）が遵守されたか否かを事後的に確認するうえでも、資本剰余金と利益剰余金の区分は重要である。この目的のために、貸借対照表の純資産の部は、配当の財源としての利用可能性を基本理念としつつ、実際には【図表13－1】に次の記号で示すようにして、詳細に区分表示される。◎は最も一般的に配当の財源とされる項目であり、○は配当の財源とすることが許容されている項目である。▲は分配可能額の算定に際して常に減算される。△の項目は、貸方残高であっても配当の財源とすることはできないが、借方残高の場合は分配可能額から減算される。

なお、【図表13－1】の区分表示は、主として個別貸借対照表を想定したものであるが、連結貸借対照表にのみ登場する項目も、併せて斜体で含められている。

2　資本金と資本剰余金

(1)　会社の設立と増資

株式会社の純資産の中心は、会社の設立時や設立後に発行される株式と引き換えに株主が払い込んだ資本であり、払込資本はその全額を**資本金**とするのが原則である。しかし、払込額の2分の1までは資本金としないことができ、資本金に組み入れなかった部分は**資本準備金**として積み立てなければならない（会社法445条）。株主が払い込んだ資本のうち、資本金とされた額を除く残りの部分は資本剰余金となるが、資本準備金は資本剰余金の中心項目である。

後述するように会社法は、現金等の社外流出を伴う利益の分配を行うつど、利益の一部を利益準備金として社内に積み立てることを要求している。この積立は、資本準備金と利益準備金の合計額が資本金の4分の1に達するまで行わ

なければならず，積み立てた額は分配不可能な部分とされる。したがって企業は，そのような拘束額を最小にするために，法定された最低限度しか資本金に組み入れないのが一般的である。

このとき，株主からの払込資本の半分が資本金となり，残り半分は資本準備金とされる。この会計処理を行えば，資本準備金だけで資本金の4分の1を超えるから，利益分配を行っても利益準備金を積み立てる必要はない。

(借) 現　金　預　金　　1,000　　(貸) 資　　本　　金　　　500
　　　　　　　　　　　　　　　　　　　資　本　準　備　金　　500

(2) 減　　資

資本金の額を増加させる取引を増資というのに対し，減資は資本金の額を減少させる取引であり，次の2つの代表的な場合に実施される。その1つは，(a)会社が事業規模を縮小する目的で資本金を減少させて株主に現金を返還する場合であり，もう1つは，(b)事業の不振等で赤字が累積した会社が資本金の減少によって累積赤字を計算上で解消する場合である。減資で減少する資本金が，株主に返還される会社の資産額や，計算上で相殺される累積損失の額を上回る場合，その差額を**資本金減少差益**（減資差益ともいう）という。

たとえば事業規模の縮小のため，過去に発行した株式を100だけ買入消却して資本金を減少させ，株主に現金預金80を返還する取引の会計処理は次のとおりである。

(借) 資　　本　　金　　100　　(貸) 現　金　預　金　　　 80
　　　　　　　　　　　　　　　　　　　資本金減少差益　　　 20

また，繰越利益剰余金勘定の借方残高として把握されている累積赤字90を解消するために，資本金100を減少させる取引の会計処理は次のとおりである。

(借) 資　　本　　金　　100　　(貸) 繰越利益剰余金　　　 90
　　　　　　　　　　　　　　　　　　　資本金減少差益　　　 10

他方，減少させる項目が資本金ではなく資本準備金であれば，生じた差額は**資本準備金減少差益**となる。資本金減少差益と資本準備金減少差益はともに，

過去に株主が払い込んだ資本を源泉とするものであるから，資本剰余金の性質を有する。

なお，後述するように，減資と同様に株主資本の減少を意味する取引として，自己株式の取得があり，それを取得価格を上回る価格で売却した差額を**自己株式処分差益**というが，これも会社と株主の間の取引から生じるものであるから，資本剰余金としての性質をもつ。

しかし資本準備金は，会社の設立や株式発行に際して株主となる者からの払込に限定されており，資本金減少差益・資本準備金減少差益・自己株式処分差益は，株主総会の決議を経て資本準備金に振り替える手続をとらない限り，「その他資本剰余金」として取り扱われる。

3　利益剰余金

利益剰余金は，企業が当期までに獲得してきた利益のうち株主に分配されずに企業内に蓄積されてきた部分であり，(a)会社法により剰余金の配当には利用できない「利益準備金」と(b)剰余金の配当財源に利用できる「その他利益剰余金」に大別される。(b)その他利益剰余金は，（b－1）任意積立金（所定の目的のために社内留保することが株主総会で決議された部分）と（b－2）繰越利益剰余金（いまだ株主総会で使途が決められないまま繰り越されている留保利益）へと，さらに細分される。それぞれの項目が生じる主要な取引は次のとおりである。

当期に生じた損益計算書の項目は，複式簿記では損益勘定に集合され，損益勘定の貸借差額として算定される当期純利益は，次の仕訳を経て繰越利益剰余金に振り替えられる。

（借）損　　　　益　　　xxx　　（貸）繰越利益剰余金　　　xxx

この結果，期末の貸借対照表の繰越利益剰余金は，過年度に獲得した純利益のうち使途が決められないまま繰り越されてきた額と，当期純利益の合計額を表すことになる。この額が十分に大きければ，株主に対する剰余金の配当などの利益処分は，これを財源として行われる。

剰余金の配当やその他の処分は，いつでも何度でも実施することができる。剰余金の配当を行うには，原則として株主総会の普通決議が必要とされるが，会計監査人設置会社や中間配当など所定の場合は，取締役会の決議だけで実施することができる。このような手続を経て決定される項目には，配当金・利益準備金・任意積立金・役員賞与などがある。

　株主への**配当金**は，剰余金の処分のうち最も重要な項目であり，その上限額に関する会社法の制約のもとで，当期の業績や将来の事業資金の必要性を勘案して決定される。会社法は，株主への配当による企業資産の社外流出が生じた場合に，社外流出額の10分の1の額を，**利益準備金**（利益剰余金からの配当の場合）または資本準備金（資本剰余金からの配当の場合）として積み立てるべきことを要求している。ただし資本準備金と利益準備金の合計額が，資本金の4分の1に達すれば，その必要はない。

　利益準備金が会社法によって設定を強制された留保利益の項目であるのに対し，企業が契約や経営上の必要性に基づいて設定するのが**任意積立金**である。これには，将来の配当を安定させるための配当平均積立金や，使途を特定しないで利益を留保するために設定する別途積立金などがある。このほか圧縮記帳積立金や特別償却積立金など，税法上の項目が任意積立金として設定されることも多い。

　剰余金の配当やその他の処分が決定されると，次のような会計記録が行われ，【図表13-1】に示した項目が貸借対照表に表示される。

(借)　繰越利益剰余金　　　　xxx　　(貸)　未　払　配　当　金　　　xxx
　　　　　　　　　　　　　　　　　　　　　利　益　準　備　金　　　xxx
　　　　　　　　　　　　　　　　　　　　　任　意　積　立　金　　　xxx

4　自己株式と自己株式処分差益

　会社がいったん発行した自社の株式を取得して保有しているとき，この株式を**自己株式**という。自己株式の取得は，資本調達のために発行した株式の払戻しと同様の効果を生じ，資本充実に反して債権者の権利を害する等の理由で，

日本では長らく原則として禁止されてきた。しかし2001年以降は，留保利益の株主還元をはじめ，企業の多様な財務戦略を可能にするために，株主総会の決議を経て，分配可能額の限度内で行うのであれば，目的や数量を問わず自己株式を取得し保有できるようになった（会社法156条・461条）。

取得した自己株式は，第三者への売却のほか，転換社債・新株予約権付社債やストック・オプションなどの新株予約権の行使者への交付，および合併や株式交換での交付など，多様な用途に利用される（会社法199条）。

自己株式の本質については，資産説と資本減少説（資本控除説ともいう）があるが，会社計算規則（76条2項）も企業会計基準第1号「自己株式及び準備金の額の減少等に関する会計基準」（7項）も，これを貸借対照表の株主資本からの控除項目としており，資本減少説を採用している。

取得した自己株式は購入代価によって計上し，取得に要した諸経費は付随費用として取得原価に含めず，費用計上する。決算時にも取得原価による評価額のままとし，たとえ時価が把握できても時価評価はしない。自己株式の本質を資本減少とすると，自己株式の売却や交付は資本増加に相当するから，自己株式によって生じた貸方差額（**自己株式処分差益**）は資本剰余金の性質をもつが，会社法上の資本準備金（445条）には含まれていないから，「その他資本剰余金」として掲載する。

【図表13－2】は，X株の売買に関する一連の取引を想定し，X株が他社の株式であった場合（売買目的有価証券に該当し，切放し方式で会計処理すると仮定）と自己株式であった場合を対比することにより，自己株式の会計処理の特徴点（下線部）を明らかにしている。

【図表13-2】 自己株式の会計処理

	X株が他社株式の場合	X株が自己株式の場合
① X株を60万円で取得し、買入手数料5千円ともに現金で支払った。	(借)有価証券　605,000 　(貸)現　金　605,000	(借)自己株式　600,000 　　支払手数料　5,000 　(貸)現　金　605,000
② 決算日にX株の時価が70万円になった。	(借)有価証券　100,000 　(貸)有価証券運用益　100,000	仕訳なし
③ X株式を75万円で売却し現金を受け取った。	(借)現　金　750,000 　(貸)有価証券　705,000 　　　有価証券運用益　45,000	(借)現　金　750,000 　(貸)自己株式　600,000 　　　自己株式処分差益　150,000

5　評価・換算差額等

(1) 時価評価差額としての共通特性

純資産の部のうち、株主資本に続く第2の区分は、個別貸借対照表では「**評価・換算差額等**」と表記され、①その他有価証券評価差額金、②繰延ヘッジ損益、③土地再評価差額金が含まれる。他方、連結貸借対照表でこの区分は「**その他の包括利益累計額**」と表記され、前述の3項目のほか連結決算特有の科目として、④退職給付に係る調整累計額と⑤為替換算調整勘定が含まれる。

これらの項目はすべて、資産・負債に関する当初の取得原価と、事後的に付された時価評価額との差額として算定される点で、共通した特性を有する。これらの項目のいくつかは、本書の他の章ですでに説明されているが、ここで再度それが登場する取引を要約する。なお、これらの時価評価差額は税効果会計の適用対象となるが、論点を明瞭にするため、ここでは税効果会計の適用は省略する。

(2) 個別貸借対照表に登場する項目

評価・換算差額等の区分で最も登場頻度が高いのは、「**その他有価証券評価差額金**」である。有価証券のうち、売買目的有価証券、満期保有目的債券、子会社・関連会社株式のいずれにも属さず、かつ時価の把握が可能な有価証券に

ついては，決算日に時価評価を行い，評価差額は次の会計処理を通じて貸借対照表の純資産の部に直接的に計上する。

(借) 投 資 有 価 証 券　　　　xxx　　　(貸) その他有価証券評価差額金　　xxx

　第2に，デリバティブに関連して「**繰延ヘッジ損益**」を計上している企業も多い。企業が行ったデリバティブ取引の権利義務は期末に時価評価が行われ，そこから生じた差額は，当期に実現した損益として当期純利益の計算に含めるのが原則である。しかし①ヘッジ目的で行ったデリバティブ取引に関して，ヘッジ対象とされた資産・負債の時価変動差額が当期にはいまだ損益として計上されていない場合（公正価値ヘッジ）や，②将来に実施する予定の取引からのキャッシュフローを固定化する目的でデリバティブ取引を行っている場合（キャッシュフロー・ヘッジ）は，ヘッジ対象とされた取引の結果が将来年度の損益計算書に計上されるまで，デリバティブからの損益は貸借対照表に「繰延ヘッジ損益」として繰り延べられる。

　たとえばドル建ての輸出取引を行う企業が，将来に予定する輸出売上が円高で目減りすることを懸念して＄1￥＝115円の相場でドル売りの為替予約を行えば，115円の支払義務と1ドルの受取権利を得ることになるが，決算日に先物為替相場が112円になれば，支払義務が115円から112円に減少するため，次の会計記録を行うのである。貸方の繰延ヘッジ損益は，予定された輸出取引の実行時点で取り崩され，目減りした売上高に加算される。

(借) 為替予約未払金　　　　3　　　(貸) 繰延ヘッジ損益　　　　3

　第3に，かつての土地再評価法に基づく事業用の土地の時価評価から生じた項目が「**土地再評価差額金**」である。この法律は，1998年3月31日から2002年3月31日までの決算日に一回だけ実施することを条件として，企業が保有する事業用の土地のすべてを同時に時価で評価しなおすとともに，時価評価差額を純資産の部に直接に計上することを認めた。土地再評価差額金の取り崩しが認められるのは，その土地を売却した場合とその土地の減損が生じて評価減を行う場合だけである。

(3) 連結貸借対照表に特有の項目

連結貸借対照表の「その他の包括利益累計額」の区分で最も登場頻度が高い項目は、「**退職給付に係る調整累計額**」である。第12章でも説明したとおり、この項目は、退職給付債務額からみた年金資産の積立状況を財務諸表の本体で明らかにするために、個別財務諸表では遅延認識の対象とされる数理計算上の差異と過去勤務費用額を、連結貸借対照表でのみ明示的に計上することから生じる。たとえば、個別貸借対照表の退職給付引当金（たとえば35,000）のほかに、遅延認識の対象とされた数理計算上の差異と過去勤務費用（たとえば合計50,000）が存在する場合、次の会計処理を行うことによって、年金基金の財政状態を母体企業の連結貸借対照表に反映させるのである。したがって借方残高となっている「退職給付に係る調整累計額」は、将来年度での利益計算への分割計上が予定されている未実現損失の性質を有することになる。

（借）退職給付引当金　　　35,000　　（貸）退職給付に係る負債　　85,000
　　　退職給付に係る調整額　50,000

「その他の包括利益累計額」の区分に掲載されるもう1つの項目は、外貨表示された在外子会社の財務諸表を連結のために日本円に換算する過程で生じる「**為替換算調整勘定**」である。在外子会社の外貨表示財務諸表の換算には決算日レート法が適用され、資産と負債はすべて決算日の為替相場で換算される。ただし子会社の株主資本は、連結上で親会社の投資勘定と相殺消去する必要があるから、親会社による子会社株式の取得時に存在した部分は、当該株式の取得時のレートで換算し、親会社による子会社株式の取得後に生じた部分は、その発生時のレートで換算する。

このようにして連結上の相殺対象項目とそれ以外の項目では適用される換算レートが異なる結果、換算後の貸借対照表は貸借が不一致となるが、これを一致させるために純資産の部に計上される項目こそが為替換算調整勘定である。この金額もまた、株主資本に関する取得原価（歴史的レート）と時価（決算日レート）の差に起因する点で、時価評価差額としての性質を共有している。

6 新株予約権

純資産の部に新株予約権が掲載されることになる代表的な取引は，新株予約権付社債の発行とストック・オプションの発行である。

(1) 新株予約権付社債

会社法で発行が認められた社債には，普通社債，転換社債（会社法では転換社債型の新株予約権付社債という），新株予約権付社債の3種類がある。転換社債と新株予約権付社債は，普通社債の性質に加えて，その保有者の要求により一定の条件で社債を株式に転換したり，現金払込により新株式を取得することができるため，社債投資の魅力を高めて企業の資金調達に役立っている。

【設例1】は新株予約権付社債の発行からその顛末に至る一連の取引の会計処理を例示したものである。

【設例1】 新株予約権付社債の会計処理

① 額面総額1,000の新株予約権付社債を，額面金額で発行し，払込金を当座預金とした。新株予約権は社債の額面全体に対して付与されている。この社債が普通社債として発行されたと仮定した場合の発行価額の推定値は930である。 　（借）当　座　預　金　　　1,000　　（貸）新株予約権付社債　　930 　　　　　　　　　　　　　　　　　　　　　新　株　予　約　権　　 70
② 上記の新株予約権付社債のうち，額面金額の6割について権利行使があり，払込金600を当座預金とするとともに新株式を発行した。払込額のうち2分の1は資本金に組み入れないこととした。 　（借）当　座　預　金　　　　600　　（貸）資　　本　　金　　　321 　　　　新　株　予　約　権　　 42　　　　　資　本　準　備　金　　321
③ 残額については，権利行使が行われないまま期限が経過した。 　（借）新　株　予　約　権　　 28　　（貸）新株予約権戻入益(P/L)　28

新株予約権付社債の保有者は，会社の株式の時価が高騰しても前もって定められた払込額（権利行使価格）の現金払込により，新株式を取得することができる。このことから新株予約権付社債の発行価額は，①普通社債としての評価額と②付加された新株予約権の評価額の両方から構成されていると考えること

ができる。したがって②新株予約権の評価額は，(a)新株予約権付社債の実際の発行価額と，(b)もしこれが普通社債として発行されたと仮定した場合の発行価額の推定値との差額に等しい。

このようにして新株予約権付社債の発行取引を，社債本体と新株予約権に区分し，別個に認識する会計方法を**区分法**という。新株予約権付社債の取得者側も，発行企業の会計方法に対応して区分法で処理しなければならない。新株予約権付社債については，社債本体の権利と新株予約権を分離して，市場で別々に売買することが可能だからである。

①普通社債としての評価額は固定負債に計上するが，②新株予約権は次の理由により純資産の部に計上する。新株予約権は，それが権利行使されると資本金となり，権利放棄されると発行企業の利益となって，ともに株主資本を増加させるからである。ただし権利行使までは株主ではない。したがって既存株主の株主持分には含めないのである。

(2) ストック・オプション

ストック・オプションとは自社株購入選択権ともよばれ，会社の役員や従業員がその会社の株式をあらかじめ定められた価格で取得することを選択できるものとして会社から与えられた権利をいう。この権利の保有者は，経営に全力投入して株価が上昇したときでも，前もって定められた相対的に安い価格で，その会社の株式を取得できるため，この制度は役員や従業員の勤労意欲を促進したり，有能な経営人材をスカウトするために活用されている。この取引の会計処理は，企業会計基準第8号「ストック・オプション等に関する会計基準」に準拠して行われる。

この権利はもともと勤労意欲の向上を目的として付与されるため，勤労意欲向上の対象期間よりも前に権利が付与され，対象期間ののちに権利が確定するように設計されている。この権利はまた，それ自体が経済価値を有しており，労働の対価として付与されるので，その公正な評価額を勤労促進の対象期間にわたって**株式報酬費用**という名前で人件費に計上するとともに，同額を新株予

約権として貸借対照表の純資産の部に掲載する。そのための公正な評価額は、株式オプション価格算定モデルなどの評価技法を利用して算定するが、その実践に必要なデータが得られない非上場会社については、本源的価値（対象となる株式の時価が権利行使価格を上回る差額）でこれに代用することができる。

　ストック・オプションとして付与された新株予約権は、会社の株価が権利行使価額を上回ると権利行使されようになり、それによって資本金や資本準備金が増加する。権利行使されないまま失効した部分が、新株予約権戻入益として当期純利益の計算に算入されるのも、前述の新株予約権付社債の場合と同じである。

　【設例2】はストック・オプションの権利付与から権利確定を経て権利行使または権利放棄が行われるまでの一連の取引の会計処理を例示したものである。

【設例2】　ストック・オプションの会計処理

① 20x1年6月の株主総会で、役員10人に対し1人当たり5株のストック・オプションを、7月1日付けで付与することを決議した。ただし権利確定日は20x2年6月末であり、それまでに1名が退職して権利が失効すると見込まれる。権利行使期間は20x2年7月から20x3年6月であり、権利行使時には1株当たり60,000円の払込を要する。権利付与日におけるストック・オプションの公正な評価額は、1株当たり3,000円である。 　（借）株式報酬費用　　101,250　　（貸）新株予約権　　101,250 　※　(10人－1人)×5株×3,000円×(9か月／12か月)＝101,250円
② 20x2年6月末に権利確定日が到来したが、20x2年4月以降この日までに2人が退職している。 　（借）株式報酬費用　　18,750　　（貸）新株予約権　　18,750 　※　(10人－2人)×5株×3,000円×(12か月／12か月)－101,250＝18,750円
③ 20x2年7月から20x3年3月の間に7人が権利行使を行ったので、会社法の規定による最低限を資本金に組み入れ、残りを資本準備金とした。 　（借）当座預金　　2,100,000　　（貸）資本金　　1,102,500 　　　新株予約権　　105,000　　　　　資本準備金　　1,102,500 　※　払込額：7人×5株×60,000円＝2,100,000円 　　　権利行使された新株予約権：7人×5株×3,000円＝105,000円
④ 20x3年6月末に残り1人のストック・オプションが権利行使されないまま失効した。 　（借）新株予約権　　15,000　　（貸）新株予約権戻入益(P/L)　　15,000 　※　失効した新株予約権：1人×5株×3,000円＝15,000円

7　非支配株主持分

　非支配株主持分は，連結貸借対照表にのみ登場し，純資産の部の最後に計上される項目である。この項目は，子会社の株主資本と評価・換算差額等の合計額のうち，子会社を支配する株主である親会社には帰属しない部分，したがって非支配株主に帰属する部分を表す。その金額は，子会社の株主資本と評価・換算差額等の合計額に対して，非支配株主の持株比率を乗じた金額に等しい。

　したがって非支配株主持分は，親会社の既存の株主には帰属しない点で，新株予約権と共通した性質を有しており，純資産の部で株主持分とは区別して掲載されている。また有価証券報告書の冒頭で開示される企業集団の5年間の財務指標の推移表に含まれる自己資本純利益率や自己資本比率を算定するに際して，新株予約権と非支配株主持分は，自己資本の定義に含まれない。

第14章　組織再編の会計

1　組織再編の法的形態

　企業は経営上の目的を達成する手段として，組織再編を行うことがある。会社法が規定する組織再編は，(a)その目的が会社の合併・親子関係形成・分割のいずれであるか，また(b)再編にあたり，既存の会社だけで実施するか，会社を新設して実施するかにより，【図表14－1】に示した6通りに分類される。

【図表14－1】　会社法が規定する組織再編

再編の目的	吸収型再編 （既存の会社だけで実施）	新設型再編 （会社を新設して実施）
会社の合併	吸　収　合　併	新　設　合　併
親子関係の形成	株　式　交　換	株　式　移　転
会社の分割	吸　収　分　割	新　設　分　割

　会社法は743～816条で，これらの組織再編に関する詳細を規定している。組織再編に関する日本の会計基準は，企業会計基準21号「企業結合に関する会計基準」と同7号「事業分離等に関する会計基準」である。本章では，これらの法律と会計基準に基づき，①会社の合併，②親子関係の形成のための株式交換と株式移転，および③会社の分割のそれぞれについて解説する。

2　合　　　併

(1)　企業結合の経済的実態

　ある企業と他の企業が1つの会計実体へと統合されることを**企業結合**という。その代表的な方法は合併であるが，100％支配の親子関係の形成も合併と同様の効果をもたらす。100％支配の親子関係の場合は，親と子が法形式上は別会社として存続し，その財務内容が連結財務諸表において統合される。

これに対し**合併**は，会社法の規定に従って2つ以上の会社が合体して，法形式上も1つの会社になることをいう。これには(a)A社がB社を吸収してB社が消滅する形態をとる「吸収合併」と，(b)A・B両社とも消滅して新設のC社へと合体する形態をとる「新設合併」がある。吸収合併であれ新設合併であれ，これらの取引はその経済的実態をうまく反映するように会計処理されなければならない。

　合併はその経済的実態の観点から，「取得」と「持分の結合」の2つのタイプに分類することができる。ここに**取得**とは，当事企業の一方が他方に対する支配を獲得するタイプの企業結合をいう。これに対し**持分の結合**とは，統合されるいずれの企業の株主も，他方の企業を支配したとは認められず，結合後の企業でのリスクや便益の共有を達成するために行われる企業結合である。両者の最大の相違点は，取得タイプでは，被取得企業の株主が事業への支配を失う点で，持分の継続が断たれた（いわば弱肉強食の敗者）と考えられるのに対し，持分の結合タイプでは結合当事企業のすべての持分が継続している（いわば会社の結婚であり，結婚で男女は対等）と考えられる点にある。

　持分の継続が断たれる取得タイプの企業結合では，被取得企業の株主がいったん投資を清算し，改めて資産と負債を時価で測定した再投資額によって，取得企業に現物出資したと考えられる。この経済的実態を反映する会計処理方法を**パーチェス法**（purchase method）という。他方，結合当事企業の持分が継続していると考えられる持分の結合タイプでは，貸借対照表の各項目を帳簿価額で引継ぐ**持分プーリング法**（pooling of interests method）を適用するのが論理的に妥当である。

(2) パーチェス法の原則化

　企業結合会計の基礎理論は，取得タイプの企業結合にはパーチェス法を適用し，持分の結合タイプの企業結合は持分プーリング法で会計処理すべきことを示している。

　しかし持分の結合タイプであると判定されるには，次の3要件がすべて満た

されなければならない。①企業結合の対価がすべて議決権付株式であり，②両社の株主が結合後企業で有することになる議決権比率がほぼ50％対50％であり，③議決権比率以外で支配関係を示す事実（たとえば結合後企業での取締役の構成の偏り）が存在しないことがそれである。さもなければ当事企業の間で勝敗や優劣が生じて，取得タイプになるからである。

日本では，被取得企業の構成員の勤労意欲を持続させるためにも，対等合併の外見を整えることが重視される場合もあるが，現実にはこれら3要件を満たす企業結合は非常に稀である。またアメリカ基準も国際基準も，稀にしか生じないケースを処理するための持分プーリング法をすでに廃止し，通常の企業結合はすべてパーチェス法で会計処理するよう規定している。

そこで日本の企業会計基準21号も，若干の例外を除いて，企業結合はパーチェス法で会計処理すべきこととした。例外とされるのは，法律上の組織形態が変わるだけで支配関係には変化が生じないため，「持分の結合」の性格が明白な次の2つのケースである。①**共同支配企業の形成**（たとえばA社とB社がそれぞれのa事業とb事業を移転させてab社を形成し，これを契約により共同で支配する企業とする場合），および②**共通支配下の取引**（たとえば親会社と子会社の合併や，同じ親会社の傘下にある子会社同士の合併）がそれである。これらのケースでは，被結合企業の資産と負債の適切な帳簿価額が引継がれる点で，持分プーリング法と同じ会計処理が行われる。

(3) パーチェス法の会計処理

通常のすべての企業結合にパーチェス法を適用するには，結合当事企業のどれが取得企業であるかを決定しなければならない。これには連結決算で親子関係を判定するための支配の概念を利用し，支配を獲得した側の企業を取得企業とする。

他方，被取得企業の資産と負債は時価で評価され，取得企業に引継がれる。この取引の取得原価としては，引継がれた純資産の時価と，支払対価とされた資産の時価のうち，より高い信頼性をもって測定可能な方が採用される。した

がって上場会社が自社株を対価とする場合は，実際の企業結合日の株価に基づく算定額が取得原価となる。法律や会計などの外部専門家に支払った報酬や手数料（これらを取得関連費用という）は，過去には取得原価に含められてきたが，2015年4月以後の開始年度からは，発生した年度の費用として処理することが求められている。

このようにして算定された取得原価は，被取得企業から引継いだ識別可能な資産と負債に対し，時価を基礎として配分する。研究開発の途中段階にある未完成の研究成果を，企業結合によって受け入れた場合は，未完成でも資産としての識別が可能な限り，これを企業結合日の時価で資産計上する（企業会計基準23号「『研究開発費等に係る会計基準』の一部改正」）。

引継いだ資産と負債に配分された純額よりも，取得原価の方が大きい場合，その超過分は被取得企業の超過収益力に対して支払われた対価であると判断し，**のれん**（goodwill）として会計処理する。逆に，取得原価の方が小さい場合は，その差額を負ののれん（negative goodwill）という。

正ののれんは無形固定資産として計上する。その価額の持続性については，(a)のれんの源泉である超過収益力が市場競争を通じて徐々に消滅するため，規則的な減価償却が必要と考える見解と，(b)超過収益力が低下しない場合があり得ることに配慮して，規則的償却ではなく減損会計の適用で対処しようとする見解がある。「企業結合に関する会計基準」は前者(a)の見解に立脚し，20年以内のその効果の及ぶ期間にわたって，定額法その他の合理的な方法による規則的な償却を求めている。のれん償却額は販売費および一般管理費の1項目とされる。

他方，負ののれんについては，(a)正ののれんとの対称性を重視して負債計上したうえで規則的償却を行う見解と，(b)有利な取得原価での企業買収の成功と考えて，発生時に利益計上する見解がある。「企業結合に関する会計基準」は，識別された資産と負債の網羅性および取得原価の配分の合理性を再検討してもなお，負ののれんとして残存する額は，発生年度の特別利益に計上することを規定している。

合併によって増加する資本金と資本準備金の額は，存続会社が合併契約の定めに従って決定する。取得原価から資本金と資本準備金となる額を控除して残高が生じれば，「その他資本剰余金」とする。会社設立時や増資時のように，払込額の少なくとも2分の1を資本金とする規制は，組織再編では適用されない。

【図表14−2】 合併の会計処理

[設例]
　A社とB社は20x1年4月1日を合併期日として合併を行い，A社が吸収合併存続会社となって，A社株式100株をB社に交付した。合併期日におけるA社株式の時価は1株当たり180円であり，A社の発行済株式数は400株であった。また，20x1年3月31日現在のB社の貸借対照表は，諸資産が16,000円，諸負債が4,500円であり，純資産は資本金10,000円と利益剰余金500円から構成されていた。A社がB社から引継いだ資産と負債の時価はそれぞれ，20,000円および5,000円と評価された。A社は，増加すべき資本のうち3分の1を資本金とし，残額を資本準備金とした。

[仕訳]
(借) 諸　資　産　　20,000　　(貸) 諸　負　債　　 5,000
　　 の　れ　ん　　 3,000　　　　 資　本　金　　 6,000
　　　　　　　　　　　　　　　　 資本準備金　　12,000

[解説]
　合併後企業のA社の議決権比率：400株÷(400株+100株)＝80％であるから，A社が取得企業，B社が被取得企業となる。パーチェス法により，B社の諸資産と諸負債は時価評価される。A社は増加すべき資本（@180円×100株＝18,000円）のうち，1／3＝6,000円を資本金，2／3＝12,000円を資本準備金に計上。取得原価（@180円×100株）が配分額（資産20,000−負債5,000）を超過する額3,000円をのれんに計上。

3　株式交換と株式移転

　合併では2つの会社が1つに合体することになるが，両方の会社が法人格を保持したまま合併と同じ経済的効果を生じる取引として，【図表14−3】に示すような株式交換と株式移転の制度がある。

【図表14−3】 株式交換と株式移転の概念図

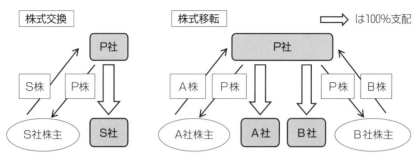

　株式交換は，図表のP社がS社の株主からS社株式の全部を受取るのと交換に，P社株式を交付する制度である。これによりS社はP社により議決権の100％支配を受ける完全子会社となり，P社は完全親会社となる。

　P社は既存の会社でもよいし，この取引で新設される会社でもよい。P社が既存の会社である場合が本来の株式交換であり，この制度はP社がS社を完全子会社化する目的で利用される。他方，P社が新設会社の場合をとくに**株式移転**とよぶ。この制度はA社とB社が合意のもとでP社を新設し，それぞれの株主が所有するA株・B株をP株と交換することにより，AB両社が共通の親会社たるP社の完全子会社となる方法で，企業結合を達成するために利用される。

　株式交換や株式移転も企業結合の一種であるから，P社は「企業結合に関する会計基準」に準拠して会計処理を行わなければならない。他方，S社（株式移転の場合はA社とB社）は株主がP社に変わるだけであるから，何ら会計処理を必要としない。

　P社が行うべき会計処理を考える手順は次のとおりである。①当事会社のうち，各社の従来の株主が組織再編後の会社において有することになる議決権比率に基づき，過半数となる会社を取得企業，他方を被取得企業として判定する。下記の**【図表14−4】**の株式交換の設例ではP社が取得企業となり，また**【図表14−5】**の株式移転の設例ではA社が取得企業となる。②P社は子会社株式を獲得することになるので，これを資産計上するが，その金額は被取得企業である場合（**【図表14−4】**のS社株式，および**【図表14−5】**のB社株式）は

時価，取得企業である場合（【図表14－5】のＡ社株式）は簿価すなわち貸借対照表の純資産額で評価する。③貸方には増加すべき資本が計上されるが，その内訳は組織再編に関する当事者間での契約の定めに従って決定する。前述のとおり，増加額の少なくとも２分の１を資本金とするような規制が，組織再編で自動的に適用されるわけではない。

【図表14－4】　株式交換の会計処理

[設例]
　Ｐ社とＳ社（発行済株式数はそれぞれ100株）は，Ｐ社を完全親会社としＳ社を完全子会社とする株式交換を行うため，１株当たり時価が200円のＰ社株式をＳ社の株主に対して，Ｓ社株式１株につきＰ社株式0.6株の比率で交付した。
　Ｓ社の貸借対照表は，諸資産が15,000円，諸負債が5,000円であり，純資産は資本金8,000円と利益剰余金2,000円から構成されていた。Ｐ社は，増加すべき資本のうち10,000円を資本金とし，残額をその他資本剰余金とした。

[仕訳]
(借) 子 会 社 株 式　　　　12,000　　　(貸) 資　本　金　　　10,000
　　　　　　　　　　　　　　　　　　　　　　その他資本剰余金　　2,000

[解説]
　Ｓ社株主の議決権比率は，株式交換後には60株÷(100株＋60株)＝37.5％となり過半数に達しないので，Ｐ社が取得企業でＳ社が被取得企業となる。したがってＰ社が獲得するＳ社株式は時価評価されるが，その金額は交付されるＰ社株式の時価により[＠200円×100株×0.6＝12,000円]である。

【図表14－5】　株式移転の会計処理

[設例]
　Ａ社とＢ社は株式移転により完全親会社Ｐ社を設立した。両社の発行済株式数はそれぞれ200株であり，両社間に資本関係はない。株式移転日のＡ社の株価は168円であり，株式移転日直前のＡ社とＢ社の貸借対照表は次に示すとおりである（単位：円）。
　Ａ社(借方) 諸資産36,000＝(貸方) 諸負債14,400＋資本金16,000＋利益剰余金5,600
　Ｂ社(借方) 諸資産20,000＝(貸方) 諸負債 7,800＋資本金 9,000＋利益剰余金3,200
　Ｐ社は，増加すべき資本のうち20,000円を資本金とし，残額は資本準備金とした。
　株式の交換比率は，Ａ社株式１株に対しＰ社株式１株，Ｂ社株式１株に対しＰ社株式0.5株であった。Ｐ社が行うべき会計処理を考える。

[仕訳]
(借) 子会社(Ａ社)株式　　21,600　　　(貸) 資　本　金　　　20,000
　　　子会社(Ｂ社)株式　　16,800　　　　　　資 本 準 備 金　　18,400

> [解説]
>   P社における元A社株主の議決権比率は200株÷(200株+100株)=66.7%であるから，A社を取得企業，B社を被取得企業として，パーチェス法を適用する。取得企業たるA社の株式は帳簿価額(=資本金16,000+利益剰余金5,600=21,600円)が継承され，被取得企業たるB社の株式は時価(=A社株式の時価@168円×B社株主の議決権比率に対応する株数200株×0.5=16,800円)で評価される。

4　会社の分割

　会社法の規定に従って，会社の事業の一部を分離することを会社の**分割**という。これには新会社を設立して事業を継承させる「新設分割」と，既存の会社に事業を承継させる「吸収分割」がある。分割がそのいずれであれ，分離元企業(会社法では分割会社という)では純資産が減少し，事業を承継した分離先企業(会社法では承継会社という)の株式が対価として交付され，資産計上される。分離元企業と分離先企業のそれぞれの会計処理を仕訳で示せば**【図表14－6】**のとおりである。

【図表14－6】　分離元と分離先の仕訳

分離元企業（分割会社）	分離先企業（承継会社）
（借）諸　　負　　債　　　xxx 　　　分離先企業の株式　　xxx （貸）諸　　資　　産　　　xxx	（借）諸　　資　　産　　　xxx （貸）諸　　負　　債　　　xxx 　　　資　　　　　本　　　xxx

　会社の分割の会計処理は，企業会計基準7号「事業分離等に関する会計基準」および会社計算規則に準拠して行う。分離元企業(**【図表14－7】**設例のA社)が行うべき会計処理は，会社の分割によって移転された事業に関する投資が，いったん清算されたとみるか，そのまま継続しているかによって，次の2通りに分けられる。

　分離元企業が受取る対価が分離先企業の株式だけであり，かつ分離元企業にとって分離先企業が子会社(議決権比率50%超が原則：**【図表14－7】**設例のケースⅢ)や関連会社(議決権比率20～50%が原則：**【図表14－7】**設例のケースⅡ)に該当する場合は，分離元企業は分離先企業の株式所有を通じて，

移転した事業への投資を引続き行っていると考えることができる。したがってこの場合は、単に組織が形式的に変化したにすぎないから、事業を転売して損益が生じたとは考えず、分離元企業の帳簿価額を引継いだ会計処理を行うのが合理的である。これを**簿価引継法**といい、合併会計の持分プーリング法に対応した方法である。

他方、分離元企業が現金を受取るなど、移転した事業と明らかに異なる資産を対価として受取る場合は、事業の売却によって投資が清算されたとみなされる。分離先企業の株式を受取った場合でも、議決権比率が低いため、それが子会社株式にも関連会社株式にも該当しなければ（【図表14－7】設例のケースⅠ）、投資はいったん清算されたことになる。したがって分離元企業は移転事業を時価で売却したと考えて、対価として得た分離先企業の株式などを公正な時価で計上し、移転事業の帳簿価額に基づく純資産額との差額を、事業の**移転損益**として計上する。この方法は**売買処理法**とよばれ、合併の場合のパーチェス法に対応する。

次に、分離先企業（【図表14－7】設例のＢ社）が行うべき会計処理を考えよう。分離先企業にとってこの組織再編は、分離元企業が有していた事業の合併に相当する。したがって分離先企業は、組織再編後の議決権比率に基づいて、まず自社と分離元企業のいずれが取得企業（議決権比率50％超が原則）に該当し、いずれが被取得企業（議決権比率50％未満が原則）に該当するかを判断する。【図表14－7】設例のケースⅠとケースⅡでは、分離先企業（Ｂ社）の議決権比率が50％を超えるからＢ社が取得企業となり、したがってＡ社から承継した資産・負債を時価評価額し、対価額が純資産額を上回る部分をのれんに計上するなど、パーチェス法の会計処理を行う。

しかし【図表14－7】設例のケースⅢでは、分離先企業（Ｂ社）の議決権比率が40％となって、50％を超えるからＡ社が取得企業となる。Ｂ社は、Ａ社から事業を承継した対価として多くの議決権付株式をＡ社に交付したために、取引の外見とは逆に、Ｂ社は被取得企業になってしまうことから、この取引は**逆取得**とよばれる。取得企業は簿価が維持され、被取得企業は時価で評価される

というパーチェス法の原則に従い，B社はA社から承継した事業の資産・負債をA社の適正な帳簿価額で引継ぎ，純資産額を増加すべき資本として計上する。

【図表14－7】 会社分割の会計処理

[設例]
　20x1年4月1日に吸収分割により，分離元企業（吸収分割会社）A社は，a事業を分離先企業（吸収分割承継会社）B社に移転し，新株発行されたB社株式100株を対価として受取った。A社とB社に資本関係はない。移転したa事業に係る資産・負債の20x1年3月31日現在の適正な帳簿価額と時価は次のとおりである。したがってa事業に係る適正な帳簿価額に基づく株主資本相当額は10,000円である。

	適正な帳簿価額	時 価
諸資産	40,000円	52,000円
諸負債	30,000円	30,000円

　会社分割日のB社株式の時価は1株当たり230円であり，この株価の方がa事業に係る資産・負債の時価よりも，信頼性が高いと判断された。B社は増加すべき資本をすべて資本金に計上した。
　A社が対価として交付を受けたB社株式100株が，組織再編後のB社の発行済株式の何％を占めることになるかについて，①ケースⅠ：10％，②ケースⅡ：30％，③ケースⅢ：60％の3つの場合を検討する。この会社分割に関してA社とB社が行う会計処理は次に示す仕訳のとおりである。

[仕訳]

ケース	A社（分離元企業）	B社（分離先企業）
Ⅰ 10:90	（借）諸　負　債　　30,000 　　　投資有価証券　23,000 　（貸）諸　資　産　　40,000 　　　　移　転　利　益　13,000	（借）諸　資　産　　52,000 　　　の　れ　ん　　 1,000 　（貸）諸　負　債　　30,000 　　　　資　本　金　　23,000
Ⅱ 30:70	（借）諸　負　債　　30,000 　　　関連会社株式　10,000 　（貸）諸　資　産　　40,000	（借）諸　資　産　　52,000 　　　の　れ　ん　　 1,000 　（貸）諸　負　債　　30,000 　　　　資　本　金　　23,000
Ⅲ 60:40	（借）諸　負　債　　30,000 　　　子　会　社　株　式　10,000 　（貸）諸　資　産　　40,000	（借）諸　資　産　　40,000 　（貸）諸　負　債　　30,000 　　　　資　本　金　　10,000

第14章 | 組織再編の会計

[解説]

　A社はケースⅠで支配も影響力も喪失するので，対価の株式を時価（受取った株数100株×時価230円）で評価し，a事業の移転による利益13,000円を計上する。ケースⅡでは影響力が持続し，ケースⅢでは支配が持続するので，対価の株式を帳簿価額（＝諸資産40,000円－諸負債30,000円）で評価する。

　B社はケースⅠとⅡにおいて，議決権の過半数支配により取得企業となるので，被取得企業A社の資産・負債を時価評価し，交付した対価額（＝株数100株×時価230円）が継承した純資産額（＝諸資産52,000円－諸負債30,000円）を超える部分をのれんとする。ケースⅢではB社は被取得企業であるから，取得企業たるA社からの資産・負債は帳簿価額で承継される。

第15章 税金費用と税効果会計

1 税金費用の計上

　財務省のウェブサイトには，税の種類に関する資料の1つとして，「国税・地方税の税目・内訳」と題する一覧表が掲載され，現存する47種類の税金の名前が示されている。これらの税金は，何に対して課されるものかという観点から，(a)儲けを対象とする所得課税（会社の法人税や個人の所得税など），(b)財産を対象とする資産課税（固定資産税や相続税など），(c)財やサービスの消費を対象とする消費課税（酒税や消費税など）という3グループに分類することができる。

　企業が経済活動の一環としてこれらの税金を負担した場合には，利益獲得のための費用として，損益計算書においてこれらの税金費用を計上しなければならない。しかし損益計算書での掲載区分は，税金の対象が課税所得であるか，課税所得以外を対象とするものであるかによって相違する。

　固定資産税や印紙税に代表されるような，課税所得以外を対象として課される税金は，製造原価への算入や販売費及び一般管理費への計上，または関連資産の取得原価に付随費用として加算する会計処理が行われる。これに対し，法人税に代表されるような，課税所得を対象とする税金は，「税引前当期純利益」との対応関係を重視し，税引前当期純利益から控除する形式で，損益計算書に記載される。

　しかも法人税等を期間損益計算における費用の1項目と考える限り，他の費用項目と同様に，その計上額は発生主義会計の理念を遵守して算定されなければならない。本章では，そのような発生主義会計の税金費用とそれに関連する資産・負債の把握に不可欠な税効果会計について解説する。

2　法人税等の申告と納付

　株式会社のように法人の形態をとる企業には，その課税所得に対して法人税・住民税および事業税という3種類の税金が課される。**法人税**は課税所得額に所定の税率を乗じて算定し，国に納める税金である。**住民税**は都道府県と市町村に納付する税金であり，資本金等の額に基づく均等割の金額と，法人税額に一定率を乗じた法人税割の金額を合計して算定する。法人税割の一部は2014年から地方法人税という名前の国税に変更された。**事業税**も課税所得に税率を乗じて算定するが，この税金は企業活動に不可欠な治安や環境整備等の公共サービスへの負担分としての意味をもつ。したがって赤字企業からも徴税するため，資本金が1億円以上の企業に対しては，課税所得に税率を乗じて算定する所得割の金額のほかに，資本金等の額に税率を乗じた資本割の金額と，付加価値額に税率を乗じた付加価値割の金額を合計して算定する。課税所得の金額は，損益計算書の当期純利益を基礎とし，これに税法特有の調整項目を加算・減算して算定される。

　これら3つの税金について，企業は決算日から2ヶ月以内に課税所得と税額の計算を記載した確定申告書を税務当局あてに提出し，かつ税額を納付しなければならない（申告のみ3ヶ月まで延期可能）。ただし事業年度が1年の企業は，期首から半年を経過したところで中間申告をすることが要求されている。中間申告には，(a)前年度の税額の半分を納付する方法と，(b)経過した半年間について行った仮決算の結果に基づいて算定した税額を納付する方法があり，企業はどちらか有利な方を選択すればよい。

　中間申告で納付した税額は，いったん「仮払法人税等」として記録する。そのうえで決算日の2ヶ月後までに算定される1年分の法人税，住民税（法人税割の部分），事業税（所得割の部分）の合計額を，損益計算書で税引前当期純利益の次に「法人税・住民税・事業税」などの科目名で計上して当期純利益の計算に含める。他方，下半期分の税額は決算日現在で未納付であるから，「未払法人税等」として貸借対照表の流動負債に計上する。これら一連の会計処理

が，[設例1]で例示されている。なお，事業税のうち付加価値割と資本割の部分は利益に基づく課税ではないから，原則として販売費及び一般管理費の一項目として表示する。

> [設例1]
> ① 20x1年11月30日　法人税，住民税および事業税について中間申告を行い，前年度の税額の半分にあたる320を当座預金から納付した。
> 　（借）仮　払　法　人　税　等　　320
> 　　　（貸）当　　座　　預　　金　　320
> ② 20x2年3月31日　決算の結果，確定申告をすべき法人税，住民税および事業税の金額が900と算出された。
> 　（借）法人税・住民税・事業税　　900
> 　　　（貸）仮　払　法　人　税　等　　320
> 　　　　　　未　払　法　人　税　等　　580
> ③ 20x2年5月31日　確定申告を行い，未払税額を当座預金から引落しの方法で納付した。
> 　（借）未　払　法　人　税　等　　580
> 　　　（貸）当　　座　　預　　金　　580

3　税効果会計の必要性

(1)　発生主義会計の税金費用

法人税等の会計処理は，[設例1]で例示したように，確定申告した1年分の税額を税金費用とし，そこから中間納付額を差し引いた残額を未払法人税等として負債に計上するのが基本であるが，それだけでは十分ではない。納税義務額（[設例1]では②の法人税・住民税・事業税の900）を費用計上しただけでは権利義務確定主義の利益計算にすぎず，今日の発生主義会計には合致しないからである。また負債に計上した未払法人税等の金額も，当期の取引や事象に起因して企業が将来期間で負担することになる納税義務額を，必ずしも十分

には反映していない。

　たとえば企業が将来の退職金支払義務のうちの当期負担分に関して，当期に［(借)退職給付費用／(貸)退職給付引当金］という会計処理を通じて費用計上した退職給付費用は，損益計算書で減算して，税引前利益が算定されている。しかし課税所得計算では，将来年度で従業員が退職して実際に退職金が支払われるまで，この減算は認められない。したがって税引前利益に退職給付費用を加え戻して算出された，より大きな課税所得額に税率を乗じた納税義務額のうち，加え戻した退職給付費用に見合う部分は，いわば前払税金である。このため納税義務額からこの前払分を控除した金額こそが，当期に計上されるべき税金費用であると考えられる。

　この一例からも明らかなように，法人税等を費用と考える限り，発生主義会計のもとでの税金費用と税務上の負債は，課税の源泉となる取引や事象が発生した期間に，税引前利益に対応づけて計上する必要がある。税法に基づく納税義務額を費用計上するだけでは，権利義務確定主義といわざるを得ず，発生主義会計にはなっていないのである。発生主義による税金費用を算定する目的のために，納税義務額を期間配分する会計手続を**税効果会計**という。

　この会計処理は，企業会計審議会が定めた「税効果会計に係る会計基準」に準拠して行うが，財務諸表の表示と注記については企業会計基準第28号「『税効果会計に係る会計基準』の一部改正」により，2018年4月以降に開始する年度から，従来の取扱が変更されている。

(2)　企業会計と課税所得計算の差異

　さて，税効果会計が必要になるのは，損益計算書上の収益・費用額と，課税所得上の益金・損金額に差異が存在することに原因がある。そのような差異は，永久差異と期間差異に分類することができる。**永久差異**は，当期に生じた不一致が将来にわたって永久に解消されないタイプの差異をいう。たとえば受取配当金や交際費の取扱が，利益計算上と税務上で相違することから生じる差異がこれに該当する。

他方，**期間差異**は，当期に生じた不一致が将来の会計期間において解消すると予想されるタイプの差異である。たとえば税務上で是認される限度を超えて貸倒引当金の繰入を行ったことによって生じた差異は，実際に貸倒れが発生する将来時点で，その額が損金として認められることによって解消する。前述の退職給付費用も，期間差異の一例であり，このような期間差異がまず，税効果会計の適用対象になる。以下では【図表15－1】に基づいて，税効果会計の適用対象項目を説明する。

会計利益と課税所得の間の期間差異は，損益計算面だけでなく，資産・負債の金額についても不一致をもたらす。たとえば前述の貸倒引当金の限度超過繰入の場合，貸借対照表の債権の評価額は貸倒引当金設定額だけ引下げられるが，税務上の評価額は引下げられないから，相違が生じる。同様の不一致は，前述の期間差異以外に，資産・負債の時価評価によって生じた評価差額のうち，損益計算書での当期純利益の計算に含められなかった金額がある。たとえば上場会社どうしの相互持ち合い株式に関する未実現の評価益がそれである。税務上はそのような時価評価は行われないから，その資産が売却される将来時点までの間，一時的に差異が生じる。【図表15－1】には時価評価差益の場合だけしか記載されていないが，当期純利益の計算に含めない時価評価差損についても，同様に考えればよい。

【図表15－1】 税効果会計の適用対象項目

収益費用と益金損金の差異	永久差異		将来所得と相殺可能な繰越欠損金	将来の納税義務額の減少（前払税金）	⇒	繰延税金資産
	期間差異	課税所得計算上の加算項目	将来減算一時差異			
		課税所得計算上の減算項目	将来加算一時差異	将来の納税義務額の増加（未払税金）	⇒	繰延税金負債
		当期純利益の計算に含めない時価評価差益				

前述の期間差異と，このような資産・負債の時価評価差額をあわせて，一時差異という。すなわち**一時差異**とは，貸借対照表に計上されている資産・負債の金額と，課税所得計算上の資産・負債の金額との差額である。税効果会計の適用対象は，このような一時差異であり，一時差異に係る税金の額は，適切な会計期間に配分して計上しなければならない。

4　繰延税金資産と繰延税金負債

(1)　将来加算一時差異と繰延税金負債

　一時差異は，それが解消する将来期間の課税所得を増加させるか減少させるかにより，将来加算一時差異と将来減算一時差異に分類される。**将来加算一時差異**は，差異の解消時に課税所得を増加させる効果をもつタイプの差異である。剰余金の処分で設定した租税特別措置法上の準備金や積立金，および当期純利益の計算に含めない時価評価差益は，これに該当する。

　たとえば剰余金の処分で設定した圧縮記帳積立金は，それを設定した当期には課税所得から減額されるが，将来年度において取崩す必要があり，この取崩益が将来年度の課税所得に算入されて納税義務額を増加させる。この事実を財務諸表に反映させるには，一時差異が発生した当期において，〔(借) 法人税等調整額　xxx　(貸) 繰延税金負債　xxx〕という仕訳を通じて，将来の税金の増加分を当期の納税義務額に追加計上するとともに，将来の納税義務額の増加分を，その原因が生じた当期において負債に計上しなければならない。その金額は，将来加算一時差異に後述の法定実効税率を乗じて算定する。**繰延税金負債**という勘定科目は，当期の納税の繰延べに起因して，将来に増額される納税義務額を意味する負債項目である。

　また時価評価差益を当期純利益の計算に含めない場合にも，当期に繰延税金負債が計上される。たとえば上場会社どうしの相互持ち合い株式の時価評価差益を純資産直入法で会計処理する場合の仕訳は次のとおりである。

(借) その他有価証券　　100　　(貸) 繰延税金負債　　30
　　　　　　　　　　　　　　　　　その他有価証券評価差額金　70

貸方の繰延税金負債は，当期の株価上昇から生じた未実現の時価評価差額が，将来時点での株式転売等で実現したときに，その売却益に対して課されることになる納税義務額を表しており，時価上昇が発生した当期にそれを負債として認識しておくのが，税効果会計の基礎にある発生主義会計の理念である。

　繰延税金負債の額は，当期に生じた時価評価差額に，法定実効税率を乗じて算定し，これを控除した残額が「その他有価証券評価差額金」として純資産の部に直入される。

(2) 将来減算一時差異と繰延税金資産

　他方，**将来減算一時差異**は，差異の解消時に課税所得を減額する効果をもつタイプの差異であり，税法の限度を超える減価償却や貸倒引当金・退職給付引当金への繰入などを行った場合に生じる。たとえば不良債権に対して計上した貸倒引当金繰入額のうち，税法の限度額を超える部分は損金とならず，当期の課税所得を増加させるが，貸倒れが発生する将来年度で貸倒損失として損金算入されて，課税所得を減少させる。同様に，前述のとおり退職給付引当金への繰入によって計上した退職給付費用は，損金に算入できないから当期の課税所得を増加させるが，退職金が支払われる将来年度で損金算入されて，課税所得を減少させる。

　また税法は，業績の安定した企業と変動の激しい企業への課税を公平にする目的で，当期に生じた課税所得のマイナス額（繰越欠損金という）を，将来9年間の課税所得と相殺することを許容している。ただしその金額は，課税所得がプラスとなった年度の課税所得額の60％が上限である。この繰越欠損金も将来の課税所得を減少させるから，将来減算一時差異に準じて取扱う。

　この制度により納税者間の公平性が達成される状況を例示したのが【図表15－2】である。【図表15－2】のA社は安定的に黒字経営を続けているが，B社は赤字と黒字の年度が混在して業績の変動が激しい。ただし3年間を通算すれば合計利益は両社とも300であるから，納税義務額も同じでなければならない。しかし各期に計上された利益に対して，たとえば30％の税率を乗じて税額

を計算しただけでは，赤字の年度をもつB社の合計税額の方が大きい。この不公平を解消するために，**【図表15－2】**の仮設例でB社が第2年度に計上した繰越欠損金（－100）を，第3年度の黒字から控除した残額（300－100＝200）に税率を乗じるのである。

【図表15－2】　繰越欠損金の控除制度の効果

	利益と税額	第1年度	第2年度	第3年度	合計
A社	各期に計上された利益	100	50	150	300
	上記の利益に対する税額	30	15	45	90
B社	各期に計上された利益	100	－100	300	300
	上記の利益に対する税額	30	0	90	120
	繰越欠損金の相殺後の利益	100	－100	200＝300－100	
	相殺後の利益に対する税額	30	0	60	90

　このようにして発生する将来減算一時差異は，当期の取引や事象の結果として，将来の納税額の減少をもたらすから，当期に前払いした税金が将来年度で減額されると解釈することができる。したがって，当期に生じた将来減算一時差異や繰越欠損金に，法定実効税率を乗じて算定したそのような前払相当額について，〔（借）繰延税金資産　xxx／（貸）法人税等調整額　xxx〕という仕訳を行うことにより，当期に費用計上した法人税等から減算して調整するとともに，**繰延税金資産**という名称で資産を認識する必要がある。

　また全部純資産直入法により会計処理された「その他有価証券」の含み損のように，当期純利益の計算に含められなかった時価評価差損が将来の転売時に実現損失となって税金の減少をもたらす金額は，評価差額の総額から控除して繰延税金資産を計上する。

　　（借）繰 延 税 金 資 産　　　30　　　（貸）そ の 他 有 価 証 券　　100
　　　　　その他有価証券評価差額金　70

5　繰延税金資産の回収可能性

このようにして計上された繰延税金資産は，**回収可能性**を備えていなければならない。繰延税金資産を計上しても，将来において十分な金額の課税所得が得られなければ，実際にはそこからの減額を行うことができず，結果として将来の納税額を軽減する効果は実現しないから，資産価値を有するとはいえないのである。したがって繰延税金資産の計上は，将来の差異解消時に課税所得を減少させて税金負担額を軽減することができると認められる範囲でしか行うことができず，いったんこれを計上しても，将来の税金負担額が軽減される見込みについて，毎期見直しを行う必要がある。そのような見込みを，繰延税金資産の回収可能性といい，その判断のための指針として，企業会計基準委員会が企業会計基準適用指針第26号「繰延税金資産の回収可能性に関する適用指針」を定めている。

それによると，当期に生じた将来減算一時差異や繰越欠損金を減算できるほど，将来年度の課税所得（厳密には一時差異等を加減算する前の段階での課税所得）の額が十分に大きいか否かを判断するに際して考慮すべき事項として，(a)企業の収益力，(b)タックス・プランニング，および(c)将来加算一時差異が挙げられている。

第1に，将来年度での十分に大きな課税所得額の達成が，その企業の収益性に最も大きく依存することはいうまでもない。第2に，そのような収益力からみて，もし将来の課税所得の不足が予想されるのであれば，企業は含み益のある投資有価証券や遊休土地を転売して実現させる方法で，課税所得を意図的に増額したうえで，将来減算一時差異や繰越欠損金の減算を達成することも可能である。このような方法で将来の課税所得の時期や金額を税金の観点から有利な形で調整する計画的な活動を，**タックス・プランニング**という。第3に，収益力に基づいて予想される課税所得が不十分でも，もし大きな金額の将来加算一時差異が将来年度で新たに発生することが予想されるのであれば，その加算後の額からの減算も考えられるので，その可能性も重要な検討事項である。な

お，繰越欠損金が控除可能な将来の年数は制限されているので，この点にも配慮を要する。

このような検討の結果，将来減算一時差異の額が，将来期間の課税所得から減算できる範囲を超える場合は，その超過分に対応する税額を，回収可能性に関する「評価性引当額」として除外した残額により，繰延税金資産を計上することになる。

6　法定実効税率

繰延税金資産や繰延税金負債の計算は，一時差異の金額に法定実効税率を乗じて行うが，一時差異の発生時点と解消時点のいずれの税率を用いるかにより，税効果会計の処理は繰延法と資産負債法に区別される。**繰延法**では，損益計算書に費用計上された納税義務額のうち，当期の税引前利益に対応しない部分を繰り延べることが焦点となるから，一時差異の発生年度の税率が用いられる。他方，**資産負債法**は将来期間における前払税金の回収額または未払税金の支払義務額の計上を重視するから，その金額は一時差異の解消年度の税率を用いて計算する。これら2通りの考え方のうち，日本をはじめとして主要国の会計基準は，差異の解消年度の税率を用いるものとして，資産負債法の採用を規定している。したがって法定実効税率に変化が生じると，それに連動して繰延税金資産・負債の変化額が，税率変更が確定した年度で認識されることになる。

税効果会計で用いられる**法定実効税率**は，課税所得額に乗じるものとして法律で定められた税率に基づく納税義務額を，税引前利益の金額（事業税の取扱以外は課税所得計算との差異項目がない場合の額）で除して，次のように算定する。この計算式に用いたのは，2016年4月以降に開始する事業年度から現在まで適用されている標準税率である。

法人税率は課税所得の23.4%である。住民税率は地方自治体ごとに異なり，法人税率の17.3%（標準）〜20.7%（上限）とされてきたが，2014年10月以降に開始する年度から，このうち4.4%が地方法人税とされたため，住民税率は12.9%（標準）〜16.3%（上限）となった。事業税の税率も自治体ごとに異な

るほか，資本金が１億円以上の法人には赤字でも徴税できるようにするため，資本金の0.5％分と付加価値額の1.2％分の納税を求める外形標準課税が行われる。このため課税所得に対する税率は，その分だけ軽減されて3.6％（標準）〜7.2％（上限）となっている。前掲の計算式では標準税率を用いているが，多くの上場会社が立地する首都圏や京阪神の自治体では，上限に近い住民税率と事業税率が適用されるため，多くの企業の法定実効税率は29.97％より高い。各企業が税効果会計で適用した法定実効税率は，財務諸表の注記事項になっている。

　法定実効税率の計算式の意味，とくに分母の［１＋事業税率］で割算が行われていることの意味は，次のように考えればよい。前述のとおり，事業税は企業がビジネスを営むための社会的インフラストラクチャーの使用料金としての性格をもつことから，前期に納税した事業税は，当期の課税所得計算において損金として減算できることになっている。したがって前期も当期も課税所得が１億円と仮定すれば，事業税は0.036億円であるから，［当期の税引前利益1.036億円 − 前期事業税0.036億円 ＝ 当期の課税所得１億円］となり，当期分の納税義務額は法人税0.234億円，地方法人税0.234×0.044億円，住民税0.234×0.129億円，事業税0.036億円となる。したがって［納税義務額÷税引前利益］は前掲の計算式で算定できるのである。

$$\text{法定実効税率} = \frac{\text{納税義務額}}{\text{税引前利益}}$$

$$= \frac{\text{法人税率} + \{\text{法人税率} \times (\text{地方法人税率} + \text{住民税率})\} + \text{事業税率}}{1 + \text{事業税率}}$$

$$= \frac{0.234 + \{0.234 \times (0.044 + 0.129)\} + 0.036}{1 + 0.036}$$

$$= 0.2997$$

7　財務諸表の表示と開示

　税効果会計の仕訳で生じる「法人税等調整額」は，損益計算書において税引前当期純利益から控除する形で「法人税・住民税・事業税」として表示されている当期分の納税義務額とは区別して，「法人税・住民税・事業税」の次に記載する。すなわち，法人税等調整額が借方残高であれば，当期の税金費用の追加計上分として，また貸方残高であれば当期の税金費用の減額分として，納税義務額とは区分表示するのである。

　また「繰延税金資産」は貸借対照表の「投資その他の資産」の区分に表示し，「繰延税金負債」は固定負債の項目として表示する。このことは，決算日に存在する一時差異が，1年以内に解消することにより，繰延税金資産や繰延税金負債の一部が1年以内に消滅するとしても，その部分を特別に区別して流動区分に計上したりはしないことを意味する。なお，繰延税金資産と繰延税金負債の両方が存在する場合については，法律上の納税主体が同一なら，それらを相殺して残った一方だけを貸借対照表に表示するが，納税主体が異なる場合（たとえば親会社の繰延税金資産と子会社の繰延税金負債）は，相殺せずに両方を表示する。

　このほか，(a)繰延税金資産（回収可能性に関する評価性引当額を含む）と繰延税金負債の発生原因別の内訳，および両者の相殺後の純額，ならびに(b)法定実効税率と税効果会計適用後の法人税等の負担率，およびこれらの差異の原因となった主要項目の内訳など，税効果会計に関する重要事項は注記しなければならない。

第16章 会社法による配当規制

1 制限の趣旨と対象

　株式会社では株主の有限責任の制度が採用されているため，株主は自己の個人財産を充当してまで会社の債務を返済する必要はなく，このため債権者の権利は会社の財産によってのみ保証されるにすぎない。したがって配当などにより，会社の財産が無制限に社外へ流出すると，債権者の権利が著しく害される。そこで会社法は，株主と債権者の利害を調整する目的で，会社財産を株主に払い戻すことが可能な上限額を「分配可能額」として法定し，それを超える分配を禁止している。

　この規制の対象となる会社財産の払戻には，次の(a)と(b)の両方が含まれる。
　(a)　自己株式の有償取得のうち所定の場合（会社法461条1項1～7号）。
　(b)　剰余金の配当（会社法461条1項8号）。

　配当の支払いであれ自己株式の有償取得であれ，会社財産が流出する点では同じであるから，統一的に規制が行われるのである。

　分配可能額を超過して行う剰余金の配当や自己株式の取得を，違法配当という。違法配当が行われた場合，金銭などの交付を受けた株主と，そのような違法配当議案を総会に提案した取締役（取締役会で議案の提案に賛成した者も含む）は，その違法配当額につき連帯して会社に対し弁済責任を負う（会社法462条1項）。また違法配当を行った取締役には，5年以下の懲役または500万円以下の罰金が，刑罰として科される（会社法963条5項：違法配当罪）。しかも，そのような違法配当が，粉飾決算による架空利益を財源としており，自己の経営者としての地位保全や，自己の経済的利益を図っていると判断されると，この刑罰は10年以下の懲役または1,000万円以下の罰金へと倍増される（会社法960条：特別背任罪）。このことからも，会社法が配当制限を通じた債権者保

護を非常に重視していることがわかる。

会社法の配当制限は，基本的に個別企業の貸借対照表に基づいて行われる。本章ではその配当制限における貸借対照表の利用について解説する。

2 剰余金の範囲

剰余金の配当または自己株式の取得の形で行う株主への会社財産の払戻を規制するため，会社法はいったん「剰余金」の範囲を明らかにしたうえで，これを基礎として「分配可能額」の上限について規定している。

剰余金の配当や自己株式の取得は，それが所定の手続を経て分配可能額の範囲内で行われるのであれば，いつでも何度でも実施することができる。かつての商法のもとでは，会社は年次の利益処分と中間配当の最大でも年2回しか配当を実施できなかったが，現行の会社法のもとでは3ヶ月ごとに分配を行う四半期配当の制度の採用も可能である。

したがって配当制限の基礎となる剰余金および分配可能額の両方とも，前期の事業年度末ではなく，配当などが実際に効力を発する日（具体的には配当の支払開始日）現在の金額として規定されなければならない。

このため会社法は，最終年度末（総会等で決算が承認済の最新の事業年度）の末日の剰余金から出発し，決算日後に生じた所定の項目を加算・減算する方法で，配当の効力発生日の剰余金を定義する（446条）。その概要は【図表16－1】のとおりである。

【図表16－1】 剰余金の額の算定

最終事業年度末の貸借対照表の剰余金（保有中の自己株式があっても減算しない）
＋決算日後に増加した剰余金 　・自己株式処分差益（差損の場合は減算） 　・資本金の減少額（資本準備金とした額を除く，資本金減少差益のみ） 　・準備金の減少額（資本金とした額を除く，準備金減少差益のみ）
－決算日後に減少した剰余金 　・消却した自己株式の帳簿価額（消却のために剰余金が充当されたので減算） 　・剰余金の配当額（配当に伴う準備金への組入額も，次項に含まれて減算） 　・会社計算規則150条に規定する額（資本金・準備金への組入額ほか）
＝配当の効力発生日の剰余金

最終事業年度末の貸借対照表の剰余金は，〔（資産＋自己株式）－（負債＋資本金・準備金＋法務省令で規定する項目）〕として算定する。自己株式は，剰余金の算定時には資産に準じて取り扱われるが，後述するように，分配可能額の算定時には控除される（【図表16－3】の①）。また上述した剰余金の計算式に含まれる「法務省令で規定する項目」には，評価・換算差額等と新株予約権が該当する（会社計算規則149条）。【図表16－2】は，最終事業年度末の剰余金の額の計算を例示している。

【図表16－2】 最終事業年度末の剰余金の計算

最終事業年度末の貸借対照表が次のとおりであるとき，その時点での「剰余金」は下記のように算定される。

資産 1,000	負債 300			
	純資産 700	株主資本 575	資本金	280
			資本剰余金	資本準備金 85
				その他資本剰余金 10
			利益剰余金	利益準備金 15
				その他利益剰余金 210 (＝任意積立金70＋繰越利益剰余金140)
			自己株式	△25
		評価・換算差額等		125
		新株予約権		0

前述の計算式に設例の数値を代入した計算は次のとおりである。
　剰余金＝（資産1,000＋自己株式25）－（負債300＋資本金280＋資本準備金85
　　　　　＋利益準備金15＋評価・換算差額等125＋新株予約権0）＝220
　またこの金額は，純資産のうちの分配可能部分とされるその他剰余金の合計額（上記の貸借対照表の網掛け部分）に等しい。
　その他資本剰余金10＋その他利益剰余金210＝220

ただし，この額はあくまで最終事業年度末（すなわち前期末決算）の時点での「剰余金」であって，「分配可能額」の基礎とされる配当の効力発生日の剰余金の額ではない。配当の効力発生日の剰余金の額を算定するには，最終事業年度末の剰余金を出発点とし，最終事業年度末から配当効力発生日までの間に

生じた取引による剰余金の増加・減少分を加算・減算しなければならない。

そのような加算・減算の対象項目が【図表16－1】で示されている。決算日後の加算項目は，決算日後に増加した自己株式処分差益・資本金減少差益・準備金減少差益である。他方，決算日後に行われた自己株式の消却額や剰余金の配当額，および資本金や準備金への組入額などは，その額だけ剰余金を消費しているので，減算されることになる。

ここではこれらの候補項目のうち，発生頻度の高い取引として自己株式の売却を取り上げて，配当の効力発生日における剰余金の額の計算を例示しよう。たとえば【図表16－2】で前期末に保有されていた自己株式25のうちの18が，決算日後，配当の効力発生日までに20で売却された場合の会計処理は次のとおりである。

(借)現　金　預　金　　　20　　　(貸)自　己　株　式　　　18
　　　　　　　　　　　　　　　　　　　自己株式処分差益　　　2

したがって配当効力発生日の剰余金は，［最終事業年度末の剰余金220＋決算日後に増加した自己株式処分差益2＝222］となる。

3　分配可能額

会社法は，このようにして算定した配当の効力発生日の「剰余金」の額を基礎として，【図表16－3】に示す方法で「分配可能額」を規定する。以下ではこれらの規定の内容を，(ア)自己株式に関する調整，(イ)臨時決算を行った場合の調整，および(ウ)のれん等調整額ほか会社計算規則による追加的規制に区分して解説する。

【図表16－3】　分配可能額の算定

配当の効力発生日の剰余金（【図表16－1】参照）
自己株式に関する調整
－①　配当の効力発生日の自己株式の帳簿価額
－②　最終事業年度末の後に処分した自己株式の対価
臨時決算を行った場合の調整
±③　臨時決算期間の純利益額・純損失額
＋④　臨時決算期間の自己株式の処分対価

会社計算規則158条による追加的控除額
　－(a)　のれん等調整額
　－(b)　純資産直入された借方残高の「その他有価証券評価差額金」ほか
　－(c)　連結配当規制の任意適用額
　－(d)　純資産300万円に対する不足額
＝配当の効力発生日の分配可能額

4　自己株式に関する調整

　第1に,【図表16－3】で示されている自己株式に関する調整の規定を, 前述の仮設例に適用すると, 分配可能額は次のように195と算定される。

```
配当の効力発生日の剰余金                    222
－①　配当の効力発生日の自己株式の帳簿価額    △ 7(＝25－18)
－②　最終事業年度末の後に処分した自己株式の対価  △20
　　　　　　分配可能額                       195
```

　この金額は, 最終事業年度末の剰余金220から, 最終事業年度末に保有する自己株式25を控除した残額とも等しい。

　そこで次に, この規定の仕組を理解するための計算例として, 前述の仮設例（最終事業年度末に保有していた自己株式25のうち18を, 当期に入ってから対価20で売却したという取引）を引き継いで, これに【図表16－3】の規定を適用してみよう。【図表16－1】に従って算定した配当の効力発生日の剰余金には, 自己株式25と自己株式処分差益2が含まれている。これを前提として,【図表16－3】の規定①に従い, 配当の効力発生日に残存する自己株式の帳簿価額7を減算し, また規定②に従い, 処分した自己株式の対価5を②として減算する。その過程と結果は次のとおりである。

```
・最終事業年度末の剰余金に含まれる自己株式        25
・決算日後に生じた剰余金の増加（自己株式処分差益）  2
・配当の効力発生日の自己株式の帳簿価額          △ 7
・最終事業年度末の後に処分した自己株式の対価     △20
　　　　　　　　　　　差引合計    0
```

この例示から明らかなように,【図表16-1】と【図表16-3】の規定を適用すれば,自己株式の関係項目がすべて分配可能額から排除されるように,規定が工夫されていることがわかる。このことから会社法では,決算日後に増加した自己株式処分差益を剰余金の構成項目として位置づけるが,年次決算または臨時決算を経ない限り,その社外流出を認めないという取扱がなされているといえる。

今度は逆に,最終事業年度末に保有していた自己株式25に加えて,前期末決算日から配当の効力発生日までの間に自己株式30を買い増ししたケースを考えよう。このとき配当の効力発生日の自己株式の帳簿価額(【図表16-3】の①)は,[前期末の自己株式25+買い増し額30＝55]であるから,分配可能額は[配当の効力発生日の剰余金220(＝最終事業年度末の剰余金)-配当の効力発生日の自己株式の帳簿価額55＝165]となる。この金額は,前述の分配可能額195より,30だけ小さい。すなわち決算日後における自己株式の買い増しにより,剰余金がそれに充当されたから,それと同額だけ配当可能額が減少したのである。このようにして,【図表16-3】の規定は,剰余金の配当と自己株式の有償取得の両方を同時に規制対象に含めることにより,会社財産の社外流出を制限できるように工夫されている。

5　臨時決算を行った場合の調整

第2に,分配可能額が配当の効力発生日に関して規定されているため,会社は期中の一定日に臨時決算を行って,期首から臨時決算日までに生じた純損益を分配可能額に反映させることができる(【図表16-3】の③,会社計算規則156・157条)。しかしそのためには,年度途中の所定日を臨時決算日として,臨時計算書類を作成する必要がある。

臨時計算書類は,このような効果から考えて,正規の決算と同じ会計処理を行って作成しなければならない。そのための会計基準は,日本公認会計士協会から公表されている会計制度委員会研究報告第12号「臨時計算書類の作成基準について」である。臨時計算書類はまた,会計監査人と監査役会(または監査

（等）委員会）の監査を受けなければならない。

したがって分配可能額を増加させる必要が特にない限り，企業は多額のコストを負担してまで臨時決算を行わないのが通常である。なお臨時決算を経た自己株式処分差益の社外流出を許容するため，【図表16－3】には②の除外項目として④が含まれている。

6　のれん等調整額

第3は，会社計算規則158条による追加的控除額であり，その主要な項目には，(a)のれん等調整額，(b)純資産直入された借方残高の「その他有価証券評価差額金」ほか，(c)連結配当規制の任意適用額，および(d)純資産300万円に対する不足額が含まれる。このうちここでは「のれん等調整額」から順に解説する。

［のれん÷2＋繰延資産］の金額は，**のれん等調整額**と名づけられている。そしてこの金額が一定の限度を超えて多額になると，そのうちの所定額が分配可能額から追加的に控除される。

繰延資産は換金価値を有さず，のれんは個別的な識別が可能な資産ではない。債権者保護の裏付けになりにくいこれらの資産が多額になると，それに対応して配当制限を強化することにより，債権者保護を促進するのがこの規制の目的である。ただし，のれんの本質が企業結合で獲得した超過収益力であることを考慮して，のれんの規制対象額は2分の1だけに圧縮されるとともに，分配可能額からの控除部分については上限が設けられている。この仕組を図解したのが【図表16－4】である。

【図表16－4】　のれん等調整額の図解

ケース①　　　　　　　ケース②　　　　　　　ケース③

のれん÷2 ＋繰延資産	資本金 ＋準備金
	その他資 本剰余金

のれん÷2	資本金 ＋準備金
	その他資 本剰余金
繰延資産	

のれん÷2	資本金 ＋準備金
	その他資 本剰余金
繰延資産	

はじめに，担保価値が疑問視される［のれん÷2＋繰延資産］は，債権者保護のために分配不可能な株主資本とされる［資本金＋準備金］と比較され，もし超過していればこれに「その他資本剰余金」を加算した合計額と対比される。このときケース①のように，［のれん÷2＋繰延資産］が［資本金＋準備金］を超えるが，「その他資本剰余金」との合計額を超えなければ，［資本金＋準備金］に対する超過額（黒色の部分）が，分配可能額から控除される。しかし「その他資本剰余金」との合計額をも超えると，［のれん÷2］と繰延資産は，次のように別々に判定される。

　ケース②のように，［のれん÷2］が［資本金＋準備金］に「その他資本剰余金」を加えた合計額を超えなければ，ケース①と同様に，［資本金＋準備金］に対する［のれん÷2＋繰延資産］の超過額が，分配可能額から減額される。他方，ケース③のように［のれん÷2］が［資本金＋準備金＋その他資本剰余金］を超える場合には，［のれん÷2］のうち分配可能額から減額されるのは，「その他資本剰余金」の額だけに限定される。そしてこの上限額に繰延資産を加えた額が，分配可能額からの最終的な減額部分となるのである。

　これらの規定の具体的な適用過程が，【図表16－5】の仮設例で例示されている。

【図表16－5】　のれん等調整額に起因する分配可能額の減額

【図表16－2】の仮設例と同様に，最終事業年度末の貸借対照表における株主資本575の内訳が，次のとおりであるとする。
　　資本金280，資本準備金85，その他資本剰余金10，
　　利益準備金15，その他利益剰余金210，自己株式△25
　この最終事業年度末の貸借対照表に資産計上されているのれんの金額と繰延資産の金額として，次の3つの場合を想定し，それぞれの場合について，のれん等調整額に起因する分配可能額の減額分を算定する。
　(1)　のれん660，繰延資産55
　(2)　のれん680，繰延資産55
　(3)　のれん800，繰延資産55

　(1)の場合，［のれん等調整額＝のれん660÷2＋繰延資産55＝385］の方が，［資本金280＋資本準備金85＋利益準備金15＝380］より大きいが，これに「その他資本剰余金」を加えた額390（＝380＋10）より小さい。したがって【図表16－4】のケース①

に該当し，[のれん等調整額385－資本金・準備金380＝5]が，分配可能額の追加的な減額部分となる。

(2)の場合，[のれん等調整額＝のれん680÷2＋繰延資産55＝395]の方が，[資本金280＋資本準備金85＋利益準備金15＝380]より大きいだけでなく，これに「その他資本剰余金」を加えた額390（＝380＋10）よりも更に大きい。このとき，のれんと繰延資産は次のように別々に評価される。(2)の場合は，[のれん680÷2＝340]が[資本金280＋資本準備金85＋利益準備金15＋その他資本剰余金10＝390]を超えないから，【図表16－4】のケース②に該当し，[のれん等調整額395－資本金・準備金380＝15]が，分配可能額の追加的な減額部分となる。

これに対し，(3)の場合は，[のれん800÷2＝400]が[資本金280＋資本準備金85＋利益準備金15＋その他資本剰余金10＝390]を超えるから，【図表16－4】のケース③に該当する。このとき，[のれん÷2＝400]のうち分配可能額から減額されるのは，「その他資本剰余金」の額10だけに限定される。そしてこの上限額10に繰延資産55を加えた合計額65が，分配可能額からの最終的な減額部分となる。

7　その他の追加的控除額

会社計算規則158条による追加的控除額は，のれん等調整額の他にもいくつか存在する。本章の最後に，それらを簡単に要約しておこう。

(1)　純資産直入された借方残高の「その他有価証券評価差額金」ほか

現行の会計基準のもとでは，所定の資産・負債について期末に時価評価が求められており，これによって生じた時価評価差額が期末時点で未実現であると判断されれば，損益計算書を経由することなく，貸借対照表の純資産の部に直接的に計上される。この会計処理を純資産直入法とよぶが，個別貸借対照表でこの会計処理の対象となるのは，①その他有価証券評価差額金，②繰延ヘッジ損益，③土地再評価差額金である。他方，連結貸借対照表にまで視野を広げれば，これに④退職給付に係る調整累計額と⑤為替換算調整勘定が追加される。これらの項目は，それが貸方残高であれば未実現の含み益を意味し，借方残高は未実現の含み損を示している。

このことから，これらの未実現損益の額を，配当規制に際してどのように取り扱うかが焦点となる。ただし連結特有の④と⑤は，会社法の配当規制が個別

貸借対照表を基礎としていることから,考慮外としてよい。

このような未実現損益について,会社計算規則第158条は,純資産の部に計上された借方残高の①その他有価証券評価差額金と③土地再評価差額金を,配当可能額の算定に際しての追加的な控除項目として取り扱う旨を規定している。ただし,これらの項目が貸方残高であっても,その額が分配可能額に加算されるわけではない。したがって未実現利益(貸方残高)は分配可能額に追加されず,未実現損失(借方残高)は分配可能額から減額されることになり,保守的な取扱が行われたことになる。

(2) 連結配当規制の任意適用額

会社法の配当制限は,個別貸借対照表に基づいて行われるため,連結企業集団全体でみれば分配可能額がなくても,子会社に累積損失を押しつけることにより,親会社が分配可能額を捻出して配当しても,違法配当にはならない。しかしそのような配当は望ましくないので,会社計算規則158条4号は,会社が連結財務諸表をも考慮に入れた配当規制を任意に選択することを許容している。この規制の適用を任意に選択した会社を**連結配当規制適用会社**という。

これらの会社では,前期末の連結貸借対照表の修正株主資本が,個別貸借対照表の修正株主資本を下回った場合,その差額が分配可能額から追加的に減額される。これを実践するための修正株主資本は,次式に基づいて算定する。

　　修正株主資本＝株主資本－借方残高のその他有価証券評価差額金
　　　　　　　　－借方残高の土地再評価差額金
　　　　　　　　－のれん等調整額による制限額

【図表16－6】は,連結配当規制を任意適用した場合の配当可能額の算定手順を例示している。連結子会社に累積損失が存在したり,当期純損失を計上した場合に,それに対応して分配可能額が減額されることがわかる。

第16章 | 会社法による配当規制

【図表16－6】 連結配当規制の任意適用に起因する分配可能額の減額

S社はP社が議決権の100％を支配する子会社であり、P社は連結配当規制の任意適用会社である。次に示す当期末の個別および連結の貸借対照表に基づいて、P社の配当可能額を算定する。なお、P社が保有する子会社株式は当期首に取得したものであり、S社のその他利益剰余金△10は、当期に生じた純損失である。

	P社	S社	連結		P社	S社	連結
諸資産	70	40	110	諸負債	25	25	50
子会社株式	25			資本金	25	25	25
				資本準備金	15	0	15
				その他利益剰余金	35	△10	25
				自己株式	△5		△5
資産合計	95	40	110	負債・純資産合計	95	40	110

連結配当規制の任意適用会社の分配可能額は、次の手順で算定される。
① P社単独の分配可能額
　＝最終年度末のP社の剰余金（ここでは、その他利益剰余金）35－自己株式5＝30
② P社単独の修正株主資本
　＝資本金25＋資本準備金15＋その他利益剰余金35＋自己株式△5＝70
　（この設例では修正項目がないので、株主資本と同額。次の③も同様）
③ 連結上の修正株主資本
　＝資本金25＋資本準備金15＋その他利益剰余金25＋自己株式△5＝60
④ 連結配当規制による控除額
　＝P社単独の修正株主資本70－連結上の修正株主資本60＝10
⑤ 連結貸借対照表に基づく分配可能額
　＝P社単独の分配可能額30－連結配当規制による控除額10＝20

(3) 純資産300万円に対する不足額

　純資産が300万円に満たない企業は、剰余金の配当を実施できない（会社法458条）。純資産額が300万円を超えていても、［①資本金・準備金の額＋②貸方残高の評価・換算差額等＋③新株予約権］の合計額が300万円に不足する場合には、その不足額が追加的に控除される。

(4) 準備金が未到達の場合

会社計算規則158条が規定する追加的控除額は，のれん等調整額も含めて，以上のとおりである。このほか会社法は，［資本準備金＋利益準備金］が資本金の4分の1に到達していない場合の分配可能額について，次の取扱を規定している。

会社法は，株主への配当による企業資産の社外流出が生じた場合に，社外流出額の10分の1の額を，資本準備金または利益準備金として積み立てるべきことを規定している（445条4項）。資本準備金と利益準備金のいずれを積み立てるかは，配当の財源によって決まる。すなわち「その他資本剰余金」から配当した場合は資本準備金を積み立て，「その他利益剰余金」から配当した場合は利益準備金を積み立てるのである。ただし資本準備金と利益準備金の合計が，資本金の4分の1に達すれば，その必要はない（会社計算規則22条）。

したがって，資本準備金と利益準備金の合計額が資本金の4分の1に達していない場合には，前述の過程を経て算定した配当可能額に，11分の10を乗じた額が，実際に配当が可能な額となる。すなわち10の配当をすれば，1の準備金の積立が求められるから，11の財源がないと10の配当は実施できないのである。ただし多くの会社が，その設立時および新株発行時に，払込額の半分を資本準備金としていることを前提とすれば，準備金の額が資本金の4分の1に未到達であるケースは非常に少ないものと思われる。

第17章 親会社説と経済的単一体説

1 資本主理論と企業主体理論

　企業が支払う税金や配当金は，費用と利益分配のいずれであるか。また，企業の資本助成を目的として，固定資産の取得へ充当する条件で政府から交付を受けた国庫補助金は，資本とすべきか。このような議論のために援用される理論は「会計主体論」とよばれる。そこでは，資本や利益という会計学上の重要な基礎概念を，誰の視点で定義するか，会計上の判断や財務諸表の作成を，株主と企業自体のいずれの観点で行うかという問題が取り扱われる。

　これには資本主理論（proprietary theory）および企業体理論（entity theory）とよばれる2つの代表的な見解がある。(a)**資本主理論**は，企業を出資者の集合体であるとみて，株式会社の資本や利益を株主の観点から定義する。これに対し(b)**企業主体理論**では，株主は株式会社の利害関係者の1つにすぎず，企業は株主から独立した存在として位置づけられ，資本や利益も企業自体の観点から把握される。

　現行の企業会計は，必ずしも株式会社を株主の集合体であると見ているわけではないが，損益計算書では株主に帰属する利益が計算されている。また資本充実目的で政府から交付された国庫補助金でも，資本とされることなく，貸借対照表では株主に帰属する金額だけが資本として取り扱われている。したがって現行の企業会計は，資本主理論に立脚して会計上の判断を行っているといえる。

　連結財務諸表に関しても，連結会計主体論とよばれる理論が存在する。本章では，親会社説および経済的単一体説という2つの代表的な連結会計主体論を取り上げ，それぞれの理論から導かれる連結会計手続について考察する。

2　親会社説と経済的単一体説

(1)　連結会計主体論の位置づけ

　連結財務諸表は誰のために作成するのか，また企業集団の資本や利益を誰の観点で定義するのか。この問いに答えようとする2通りの見解が，親会社説（parent company concept）と経済的単一体説（economic unit concept）である。

　親会社説のもとでは，連結財務諸表は親会社の株主のために作成されるものとして位置づけられ，したがって連結上の資本や利益も，親会社の株主に帰属する金額をもって定義される。これに対し**経済的単一体説**は，連結財務諸表が支配株主たる親会社と，子会社にだけ出資する非支配株主の両方を含めた，企業集団全体の出資者のために作成されると解釈し，資本や利益などの概念も，企業集団全体の出資者の観点から規定される。

　ここで重要なことは，前述の資本主理論vs企業主体理論と，親会社説vs経済的単一体説の関係である。個別財務諸表に関する資本主理論が，連結上の親会社説に対応し，個別上の企業主体理論が連結の経済的単一体説と整合するとして関係づけるのは，誤りである。親会社説でも経済的単一体説でも，資本や利益はあくまで出資者たる株主の観点から定義されているのであり，相違するのは親会社株主と非支配株主のうち，親会社株主を優先するか（親会社説），2つの株主集団を対等に取り扱うか（経済的単一体説）という点だけである。したがって2つの連結会計主体論は，ともに資本主理論の連結版として理解されなければならない。

(2)　連結会計主体論と整合的な会計処理

　前述のとおり，連結企業集団への出資者たる親会社と非支配株主のうち，連結財務諸表の主たる利用者としてどの株主を想定し，資本や利益をどの株主の観点から定義するか，すなわち親会社説と経済的単一体説のいずれに立脚するかにより，会計処理には相違が生じる。

【図表17－1】は，そのような相違が生じる側面を取り上げ，連結会計主体論のそれぞれと論理的に整合する会計処理を整理したものである。またこの図表には，現行の日本基準である企業会計基準第22号「連結財務諸表に関する会計基準」（最終改正2013年9月）において，企業が採用すべきものとして規定される会計処理が，網掛けで示されている。

【図表17－1】 連結会計主体論と会計処理の関係

論　点	親会社説	経済的単一体説
① 非支配株主利益の性質	費用の1項目	当期純利益の内訳項目
② 非支配株主持分の性質	株主資本以外の純資産の1項目	株主資本の構成要素
③ 連結子会社の範囲	持株基準	支配力基準
④ 子会社の時価評価	部分時価評価法	全面時価評価法
⑤ のれんの認識範囲	買入れのれん説	全部のれん説
⑥ 支配獲得後の持株売買	損益取引	資本取引
⑦ 子会社が計上した未実現利益の消去	親会社持分相当額消去方式	全額消去・持分比率負担方式

(3) 日本基準の変遷

【図表17－1】の網掛け部分の分布は，現行の日本の連結会計基準が，連結会計主体論と関連するほとんどの論点について，経済的単一体説と論理的に整合する会計処理方法を採用していることがわかる。しかし最初からそうであったわけではない。

日本の連結会計基準は，かつては親会社説と整合する会計処理の採用を規定してきたが，国際的な会計基準が経済的単一体説と整合する会計処理を採用しているため，日本基準でもこれと整合した会計処理の適用範囲が徐々に拡大して，現状に至っているのである。

かつての日本基準が親会社説と整合する会計処理を規定してきた主要な根拠は，(a)連結財務諸表の主たる目的が，親会社への投資者が行う意思決定のための情報提供にあること，および(b)親会社説による会計処理の方が現実の企業集

団経営の実務感覚とよりいっそう合致していることの2点である。

たとえば有価証券報告書の冒頭には，「主要な経営指標等の推移」が要約表示され，そこには連結ベースの自己資本比率（＝自己資本÷総資本）および自己資本利益率（ROE＝純利益÷自己資本）が記載される。この計算式で採用すべき純利益と自己資本については，金融商品取引法の傘下にある「企業内容等の開示に関する内閣府令」が有価証券届出書や有価証券報告書の内容について提示する第2号様式および第3号様式に関する記載上の注意(25)a(k)として，次の内容を規定している。

すなわち，純利益とは「親会社株主に帰属する当期純利益」をいい，自己資本は連結貸借対照表の純資産の部に記載された「株主資本」と「その他の包括利益累計額」を合計して算定する旨の規定がそれである。非支配株主に帰属する当期純利益は，ROE計算の純利益には含まれず，また非支配株主持分は自己資本には含まれないのである。このことからも明らかなとおり，連結財務諸表の主たる利用者として想定されているのは，親会社の株主である。

以下では，【図表17－1】に基づき，連結会計主体論と整合的な会計処理方法を整理したうえで，日本の連結会計基準の規定内容も併せて考察する。そこから浮かび上がるのは，日本の連結集団経営の実務感覚と合致する親会社説の会計処理から，国際基準の潮流となりつつある経済的単一体説の会計処理へと，調整を進めてきた日本基準の変遷である。

3　非支配株主の利益と持分の表示

連結会計主体論の選択から生じる1つの重要な相違点は，親会社株主に帰属する部分の金額だけをもって当期純利益を定義するか（親会社説），あるいは非支配株主に属する利益との合計額をもって当期純利益を定義するか（経済的単一体説）である。

【図表17－2】に要約した新旧の対比表が示すとおり，以前の連結損益計算書は親会社株主に帰属する利益額（図表では85）を当期純利益として表記して

いた。しかし2015年4月以降の開始年度からは，非支配株主と親会社株主の利益合計（図表では非支配株主分15＋親会社株主分85＝100）をもって，当期純利益として表示する方法へ改正された。すなわち利益概念について，親会社説から経済的単一体説への乗り換えが行われたのである。

【図表17－2】 非支配株主に帰属する利益の表示

現行の連結損益計算書		2015年3月期までの連結損益計算書	
売上高		売上高	
諸費用・損失		諸費用・損失	
税金等調整前当期純利益		税金等調整前当期純利益	
法人税等		法人税等	
当期純利益	100	少数株主損益調整前当期純利益	100
非支配株主に帰属する当期純利益	15	少数株主損益	15
親会社株主に帰属する当期純利益	85	当期純利益	85

ただし，このような変更が行われても，親会社株主の利益と非支配株主の利益が区分表示されてさえいれば，「親会社株主に帰属する当期純利益」を分子とすることにより，親会社説に基づくROEは容易に計算することができる。

次に分母の自己資本について検討する。【図表17－3】は，連結貸借対照表の表示区分を日本基準とIFRS（日立製作所の実例）とアメリカ基準（ソニーの実例）の間で比較している。

【図表17－3】 非支配株主持分の表示

日　本　基　準	IFRS（日立製作所）	アメリカ基準（ソニー）
（純資産の部）	（資本の部）	（資本の部）
株主資本	親会社持分	当社株主に帰属する資本
資本金	資本金	資本金
資本剰余金	資本剰余金	資本剰余金
利益剰余金	利益剰余金	利益剰余金
自己株式	その他の包括利益累計額	累積その他の包括利益
その他の包括利益累計額	自己株式	自己株式
非支配株主持分	非支配持分	非支配持分
純資産の部合計	資本の部合計	資本の部合計

IFRSと米国基準はその両方が，資産と負債を除く部分を「資本の部」と名づけ，これを親会社の持分額と非支配持分額に区分したうえで，合計額を「資本の部合計」として表記している。これに対し，日本基準では「資本の部」ではなく「純資産の部」という名称が用いられ，株主資本という用語で記載される部分は，親会社の株主に帰属する金額だけに限定されている点で，若干の相違が見られる。したがって，IFRSとアメリカ基準が資本の概念について明確に経済的単一体説に立脚すると思われるのに対し，日本基準は親会社株主の持分だけを株主資本と名づける点で，親会社説の片鱗を色濃く残している。ただし【図表17－3】の3基準とも，非支配株主持分が明確に区分表示されているから，親会社株主の視点に立ったROEを算定するのに，何ら支障はない。

4　持株比率が0％の連結子会社

　連結会計主体論の選択に関連する第3の相違点として，次に連結子会社の範囲について考察する。連結子会社の範囲は，その企業と親会社の間に支配従属関係が存在するか否かによって決定される。

　そのような支配従属関係の存否を判断する基準が，持株基準と支配力基準である。**持株基準**は，議決権の支配割合によって支配従属関係を判断する点で，いわば外形的かつ客観的な基準である。他方，**支配力基準**は，議決権の支配が50％以下でも，相手企業を実質的に支配していれば支配従属関係の存在を認めて，連結子会社とする。現行の連結会計基準が支配力基準を採用していることは，改めて指摘するまでもない。

　したがって，(a)他の企業の議決権の過半数を自己の計算で所有している場合はもとより，(b)議決権の所有割合が40％以上50％以下でも，協力株主の存在や取締役派遣・融資・技術供与・取引関係などを通じて，財務や経営の方針を実質的に支配している相手企業も，連結子会社となる。さらには(c)親会社自体の議決権の所有割合が40％未満でも，親会社との緊密な関係により親会社と同一内容の議決権行使を行う協力株主の所有分と合わせれば議決権の過半数に到達

し，かつ取締役派遣等を通じて財務や経営の方針を実質的に支配している相手企業も，連結子会社であると判断されて連結の範囲に含まれる。

　この(c)の中には，親会社自体の持株比率がゼロでも連結子会社になり得るという，支配力基準の特殊ケースが含まれる。たとえば，親会社の持株比率はゼロであるが，親会社の代表取締役が個人財産として相手企業の議決権付株式の60％を所有し，財務や経営の方針を実質的に支配している場合がそれである。

　このような子会社を連結しても，親会社に帰属する当期純利益は影響を受けず，子会社利益の全額が「非支配株主に帰属する利益」として集計される。また連結貸借対照表の株主資本も影響を受けず，子会社の株主資本の全額が非支配株主持分に含められることになる。したがって親会社説（具体的には親会社株主にとってのROE）からすれば，このような子会社を連結範囲に含めることは無意味である。

　それにも関わらず，支配力基準を根拠として，親会社自体の持株比率がゼロでも連結子会社として連結範囲に含める取扱は，親会社の株主だけでなく非支配株主の利益と資本への影響を考慮している点で，経済的単一体説によってのみ正当化される会計処理方法であるといえる。

5　子会社の時価評価と資本連結

(1)　全面時価評価法と部分時価評価法

　連結決算手続の第1歩は，親会社による子会社株式の取得等により，支配従属関係が成立した日の前後のいずれか近い決算日（四半期決算日も含む）において，次の仕訳を行うことにより，親会社が有する子会社株式（投資勘定）と，子会社の株主資本（資本勘定）を相殺消去する手続である。この手続は資本連結ともよばれる。

（借）子会社の株主資本　　　　XXX　　　（貸）親会社がもつ子会社株式　　　XXX

　この仕訳の貸借が一致しなければ，差額が「のれん」として計上され，借方に計上されたのれんは，親会社が子会社の超過収益力を認めて，子会社の純資

産を上回る対価額で子会社株式を取得した結果であると理解される。しかし子会社の貸借対照表に計上された株主資本の額を，この仕訳の借方にそのまま計上しただけで，借方差額ののれんが子会社の超過収益力だけを自動的に測定することになるわけではない。

　親会社が支払った対価額が，たとえば子会社の保有する土地の時価評価差益を反映したものであるなら，仕訳の差額には超過収益力の評価部分だけでなく，土地の未実現利益も含まれるからである。したがってのれんが純粋に超過収益力だけを反映するように測定するには，投資勘定と資本勘定の相殺消去に先立って，子会社の資産と負債が時価評価されなければならない。

　そのような時価評価の方法には，全面時価評価法と部分時価評価法という2通りがある。**全面時価評価法**が，子会社の資産・負債のすべてを支配獲得時の時価で評価して評価差額の全体を貸借対照表で認識するのに対し，**部分時価評価法**では，評価差額のうち親会社の持分に相当する部分についてのみ，認識が行われる。したがって全面時価評価法は経済的単一体説と整合し，部分時価評価法は親会社説に立脚した会計処理方法である。

　【図表17-4】として示す設例は，全面時価評価法と部分時価評価法のいずれを採用しようとも，それらが適切に適用される限り，のれんは同一の額（設例では80）で認識され，未実現損益を含むことなく，子会社の超過収益力だけを反映させるという目的が達成されることを明らかにしている。

　全面時価評価法では非支配株主の持分も含めて未実現利益の全体が認識されているから，非支配株主持分の算定にもこの評価差額が含められる。これに対し，部分時価評価法で認識される未実現利益は親会社株主の持分だけであるから，非支配株主持分の算定には評価差額を含めない。

　これら2通りの時価評価法のうち，かつての「連結財務諸表原則」は両方を是認して任意選択を許容していたが，現行の連結会計基準は全面時価評価法を採用しなければならないものとしている（20項）。これは経済的単一体説と整合した会計処理である。

【図表17−4】 全面時価評価法と部分時価評価法

	全面時価評価法（経済的単一体説）	部分時価評価法（親会社説）
時価評価	（借）土　　　　地　　　200 　　（貸）評　価　差　額　　200	（借）土　　　　地　　　160 　　（貸）評　価　差　額　　160
資本連結	（借）資　本　金　　400 　　　利　益　剰　余　金　　300 　　　評　価　差　額　　200 　　　の　れ　ん　　80 　　（貸）S　社　株　式　　800 　　　　非支配株主持分　　180	（借）資　本　金　　400 　　　利　益　剰　余　金　　300 　　　評　価　差　額　　160 　　　の　れ　ん　　80 　　（貸）S　社　株　式　　800 　　　　非支配株主持分　　140
	評価差額：土地含み益200×100% 非支配株主持分：（資本金400＋利益剰余金300＋評価差額200）×20%	評価差額：土地含み益200×80% 非支配株主持分：（資本金400＋利益剰余金300）×20%

[設例]　P社はS社の株式の80%を800で取得した。S社の株主資本の内訳は，資本金400と利益剰余金300であった。S社の資産に含まれる土地の時価は貸借対照表計上額を200だけ上回っている。

(2) のれんの認識範囲

次に，のれんの金額の算出過程を検討する。【図表17−4】の全面時価評価法において，のれんの金額は，時価評価後の子会社の純資産額［資本金400＋利益剰余金300＋評価差額200＝900］のうちの親会社の持分［純資産900×持株比率80％＝720］に比して，子会社株式の取得原価800が超過する額［支出額800−持分額720＝80］として算定されている。この考え方は，親会社が子会社株式の80％を有償取得するに当たって，支払額に含めて買入れたのれんの金額を示すという意味で，**買入れのれん説**とよばれる。

しかし，親会社の持株比率に対応するのれんが80であることを所与として，非支配株主の持株比率20％にもこの額を比例的に配分すれば，子会社には全体で100と評価される超過収益力が存在するものと推定される。このようにしてのれん100を認識する会計処理は，親会社株主に帰属するのれん80と非支配株主に帰属するであろうのれん20を合計した，のれんの全体を認識しているとい

う意味で，**全部のれん説**とよばれる。

　親会社株主に帰属するのれんだけを認識する買入のれん説が親会社説と整合し，全部のれん説が経済的単一体説と首尾一貫することはいうまでもない。【図表17-5】は，のれんの認識範囲を規定するこれら2つの会計処理を，仕訳の形で対比して示している。

【図表17-5】　買入れのれん説と全部のれん説

	買入のれん説（親会社説）	全部のれん説（経済的単一体説）
資本連結	(借) 資　本　金　　400 　　　利 益 剰 余 金　300 　　　評　価　差　額　200 　　　の　れ　ん　　　80 　(貸) S 社 株 式　　800 　　　非支配株主持分　180	(借) 資　本　金　　400 　　　利 益 剰 余 金　300 　　　評　価　差　額　200 　　　の　れ　ん　　 100 　(貸) S 社 株 式　　800 　　　非支配株主持分　200

　日本の現行の連結会計基準は，親会社説と整合した買入れのれん説の採用を規定している（25項）。親会社に帰属するのれんは，親会社が有償取得したものであるのに対し，非支配株主に帰属するのれんは，親会社が有償取得したものではないから，これを貸借対照表に資産計上することは，自己創設のれんの認識につながるというのが，その根拠である。

6　支配獲得後の株式売買

(1) 支配獲得後の追加取得

　親会社が支配獲得後に子会社株式を追加取得した場合は，非支配株主の持株比率の低下に対応する額だけ非支配株主持分を減額し，追加取得した子会社株式と相殺する。その仕訳は次のとおりである。

　　(借) 非支配株主持分　　　XXX　　(貸) 子 会 社 株 式　　　XXX

　現行の連結会計基準が規定する全面時価評価法のもとでは，支配獲得による経済的単一体の形成時点でのみ子会社の時価評価を行うことにより，その時点で的確な額ののれんを認識すればよく，追加取得時に改めて子会社の時価評価

を行う必要はない。しかし親会社説では，親会社が追加取得した持株比率に応じて，追加発生した時価評価差額が認識される（【図表17－6】参照）。

親会社が子会社株式を非支配株主から買い増すこの取引は，親会社株主だけを主たる出資者と位置づけ，非支配株主を企業集団の外部者とみれば（親会社説），損益取引である。しかし非支配株主も親会社株主と同じ出資者と考えれば（経済的単一体説），資本取引に該当する。

したがって上記の仕訳で生じた貸借差額は，親会社説と整合する損益取引説のもとでは，のれんとして資産計上された後に減価償却により各期の費用へと配分される。しかし経済的単一体説と整合する資本取引説に従えば，上記の仕訳の貸借差額は資本剰余金として処理される。【図表17－6】は，これら2通りの会計処理を対比して示している。

【図表17－6】 追加取得に関する資本取引説と損益取引説

	資本取引説（経済的単一体説）	損益取引説（親会社説・部分時価評価）
[設例] 【図表17－4】の取引の1年後に，P社はS社の株式の10%を非支配株主から120で追加取得した。この1年間のS社の純損益はゼロであり，利益処分も行わなかったので，S社の利益剰余金は300のままであるが，土地の時価は200から250に上昇した。		
時価評価	仕訳なし	（借）土　　　地　　　5　　（貸）評　価　差　額　　5
資本連結	（借）非支配株主持分　　90　　　　資本剰余金　　　30　（貸）S　社　株　式　　120	（借）非支配株主持分　　90　　　　評　価　差　額　　5　　　　の　　れ　　ん　　25　（貸）S　社　株　式　　120
		評価差額＝(250－200)×10%

かつて日本の連結会計基準は，子会社株式の追加取得を損益取引として解釈し，消去差額をのれんとしてきたが，2015年4月以後の開始年度から適用されている現行基準は経済的単一体説に立脚し，これを資本剰余金とするよう規定している（28項）。

(2) 子会社株式の売却

　親会社が子会社株式を売却しても，親会社の支配割合が低下するだけで，依然として親子関係が維持される場合は，非支配株主の持分が増加した分だけ，これを増額する。また，株式売却に伴って個別決算上で記録された子会社株式の減少は，連結修正消去仕訳において取り消され，株式売却損益にも修正が加えられる。そのための連結修正消去仕訳は次のとおりである。借方の株式売却益は，個別財務諸表上で損益取引とみて認識された額を取り消すことを意味している。

　（借）子 会 社 株 式　　　XXX　　（貸）非支配株主持分　　　XXX
　　　　株 式 売 却 損 益　　XXX

　【図表17－7】は，親会社から非支配株主への子会社株式の売却取引について，新基準のもとで資本取引説に立脚して2015年4月以後の開始年度から行われている会計処理と，損益取引説に基づき2015年3月期まで採用されてきた会計処理を対比して示したものである。

【図表17－7】　一部売却に関する資本取引説と損益取引説

[設例]	【図表17－4】の取引の1年後に，P社はS社の株式の20%を210で売却した。この1年間のS社の純損益はゼロであり，利益処分も行わなかったので，S社の利益剰余金は300のままである。土地の時価にも変化はない。	
	資本取引説（経済的単一体説）	損益取引説（親会社説）
前提事項	土地評価差額200。のれん80は20年の均等償却により当期末未償却残高76。個別財務諸表上の株式売却益は［売価210－取得原価200＝10］。	
連結修正消去仕訳	（借）S 社 株 式　　　　200 　　　株 式 売 却 益　　 10 　（貸）非支配株主持分　　180 　　　　資 本 剰 余 金　　 30	（借）S 社 株 式　　　　200 　（貸）非支配株主持分　　180 　　　　の れ ん　　　　 19 　　　　株 式 売 却 益　　　1
	非支配株主持分＝(資本金400＋利益剰余金300＋評価差額200)×20%	のれん＝(80－4)×20%／80% 株式売却益は連結ベースへの修正額

　損益取引説のもとでは，売却した子会社株式の金額について，個別財務諸表上の評価額（取得原価200）から，連結上の評価額［(資本金400＋利益剰余金

300＋評価差額200)×80％＋のれん76×(20／80)＝199］へと修正が行われるにすぎない。しかし資本取引説では，個別財務諸表上の株式売却損益が全面的に取り消されて，資本剰余金へ振り替えられている。なお，売却した親会社持分に対応するのれんの減額の要否については議論があるが，新基準では実務上の負担と国際的な会計基準を考慮して，減額しないこととされた（66－2項）。

7　子会社が計上した未実現利益

親会社が取得した資産に所定の利益を加算して子会社に販売したものが，期末時点で子会社に残存している場合，親会社が加算した利益は未実現であるから，それを含む子会社の資産は，未実現利益の全体について減額されなければならない。

しかし，たとえば部品メーカーである子会社が生産した資産を，親会社がその生産コストに利益を加算した金額で購入する場合もある。この場合，支配を受ける下位の子会社から，上位に位置して支配を行う親会社へと，財やサービスが流れることから，この取引はアップ・ストリームの取引とよばれる。この取引で未実現利益を計上するのは子会社である。

したがって子会社に非支配株主が存在する場合は，(a)非支配株主が負担すべき部分も含めて，子会社の未実現利益の全額を消去すべきか（全額消去方式），それとも親会社持分に相当する額だけを消去するか（親会社持分相当額消去方式：以下これをＣ法という），また(b)全額消去する場合に，親会社がその全部を負担するか（全額消去・親会社負担方式：Ａ法），それとも親会社と非支配株主の間で按分負担するか（**全額消去・持分比率負担方式**：Ｂ法）が問題となる。

【図表17－8】は，設例のアップ・ストリーム取引から生じた期末在庫中の未実現利益を消去するために，前述の3通りの方式を適用した場合の仕訳を対比して示したものである。

【図表17-8】 子会社の未実現利益の消去

[設例]	親会社P社は，議決権の70%を支配する子会社S社から商品を仕入れて外部に販売する取引を当期から開始した。P社の当期仕入額のうち400と期末商品棚卸高のうち150はS社からのものであり，この期末商品棚卸高の20%はS社が加算した内部利益である。
内部取引の消去	（借）売　上　高　　400　　（貸）売　上　原　価　　400
未実現利益の除去	A法：全額消去・親会社負担方式 　（借）売　上　原　価　　30　　（貸）商　　　　品　　30 B法：全額消去・持分比率負担方式（経済的単一体説） 　（借）売　上　原　価　　30　　（貸）商　　　　品　　30 　（借）非支配株主持分　　　9　　（貸）非支配株主に帰属 　　　　　　　　　　　　　　　　　　する当期純利益　　9 C法：親会社持分相当額消去方式（親会社説） 　（借）売　上　原　価　　21　　（貸）商　　　　品　　21

　このうちC法は親会社説に合致した方法であるが，売上高が全額消去されても売上総利益が計上され続ける点で難点があり，またA法も非支配株主の存在を無視する点で不合理なため，B法が論理的に最も妥当であると考えられる。そこで連結会計基準はB法を採用するように規定している（38項）。B法は経済的単一体説と首尾一貫した会計処理方法である。

第18章　会計基準の国際的統合

1　会計基準の整備

　近年における会計基準の新設や改廃には，目を見張るものがある。なかでも1998年は新設基準の件数から見て特筆すべき年であり，キャッシュ・フロー計算書，研究開発費，退職給付，税効果，および中間連結財務諸表に関する5つの新基準が，企業会計審議会によって公表されている。1996年から着々と推進されてきた日本版の金融ビッグバンのもとで，投資者には自己責任が求められるため，その前提として企業の実態を的確に描写した透明度の高い財務諸表の作成と公表を促進すべく，会計基準の整備がはかられてきた。

　その後，会計基準の制定は2001年に設立された企業会計基準委員会へと引き継がれ，会計基準の整備は更に加速された。その原動力になった最大の要因は，企業の海外上場や投資者の外国株投資などを通じた資本の国際的な流通を促進させるために，会計基準の国際的な統合が推し進められてきたことである。本章は，そのような国際的統合をめぐる諸問題について考察することにより，本書の最終章とする。

2　資本の国際的な流通

(1)　グローバル化の進展

　日本の会計基準は，日本の会社法や金融商品取引法などの法規制，および日本企業の経済環境や商慣習などを前提としたうえで，会計基準を制定するための日本国内でのデュープロセスを経て生み出されたものである。それと同様に世界各国の会計基準は，その国の政治・経済・企業文化などを背景とする価値観に基づき，それぞれ独自の発展を遂げて現在に至っている。したがって同一の取引であっても，その具体的な会計処理を規定する会計基準の内容は，国に

よって相違する場合が少なくない。

これに対し今や，資本の流通は国境を越えてますます活発に行われようとしている。たとえば2018年3月末現在の株式分布状況調査によると，外国人による日本株の保有比率は金額ベースで30％に達することが明らかになった。また2017年1月から12月までの株式売買については，海外投資者の占める割合が，株数ベースで65％，金額ベースでは73％にも及ぶことが報告されている。逆に，日本人の個人や機関投資家が外国企業の株式を対象として行う売買や保有もますます拡大傾向にある。

以上は投資家の立場から見た国際化の状況であるが，企業の資金調達にも国際化の進展が見られる。日本企業が外国の証券市場に上場して，有価証券の募集や売出しを行うことにより，外国の市場から資金を調達する場合がそれである。たとえばニューヨーク証券取引所に上場する日本企業は，2018年末現在で11社にのぼっており，ロンドンやフランクフルトなどヨーロッパ市場に上場する企業は，これより更に多い。逆に，日本の取引所に上場する外国企業は，2018年12月末で5社を数えている。

このようにして資本の流通が国境を越えてグローバル化する中で，企業の財務諸表がその所在国に固有の会計基準に基づいて作成されていれば，財務諸表を利用する投資者とこれを作成する企業の双方に，いくつかの問題が生じる。もし各国の会計基準が国際的に統合され，世界中の企業がそのような国際基準で作成した財務諸表を公表するようになれば，投資者と企業の双方にとって，以下で議論するようなベネフィットが生じることが期待される。

(2) 投資者にとってのベネフィット

会計基準の国際的統合によって最大の恩恵を受けるのは，外国企業の有価証券を投資対象の候補として検討する投資者であろう。各国の会計基準が国際的に統合されて，世界中の企業が共通の会計基準で作成した財務諸表を公表するようになれば，投資者は共通の財務指標で各国の企業の収益性や安全性を容易に国際比較することが可能になる。したがって投資者による証券投資の意思決

定が促進されるだけでなく，証券投資に伴うリスクを国際的に分散して軽減するのにも役立つであろう。

そのようなベネフィットは，個々の投資者だけでなく各国の証券市場にも波及することが期待される。たとえば日本の取引所に上場する日本企業の多くが，国際基準で作成した財務諸表を公表すれば，外国人投資者が日本市場で行う証券売買が更に活発になり，日本の金融資本市場の国際的な魅力が，よりいっそう向上するであろう。

3　企業のベネフィット

(1)　財務諸表の作成コスト

会計基準の国際的統合が，企業にもたらすベネフィットも多い。そのうち最も明白なのは，財務諸表の作成コストの軽減である。たとえば日本企業がアメリカの証券市場で株式を上場したり新株発行によって資金調達を行おうとする場合，アメリカの当局は自国の投資者を保護する目的で，アメリカの投資者が慣れ親しんでいる米国会計基準で作成した財務諸表の公表を要求してきた。したがって日本企業が，日本の会計基準ですでに財務諸表を作成していれば，米国会計基準でも作成し直さなければならないため，財務諸表の作成コストがかさむことになる。

このため日本の金融庁は，米国会計基準で作成された連結財務諸表を，日本の金融商品取引法に基づく連結財務諸表として提出することを，所定の日本企業に許容してきた。またアメリカの当局が，国際会計基準に準拠した連結財務諸表をアメリカでの上場や資金調達に利用することを，外国企業に許容する決定を2007年に行ったことに対応して，日本の金融庁も国際会計基準で作成された連結財務諸表を日本市場向けに公表することを承認している。

他方，国際会計基準に基づく財務諸表が広く普及しているヨーロッパの証券市場では，日本とアメリカなど所定の国の会計基準がヨーロッパの基準と同等であると認定されているので，現在のところは日本基準で作成した財務諸表の利用が可能である。しかしヨーロッパの投資者の関心を高めるには，現地で広

く普及した国際会計基準による財務諸表を公表するに越したことはない。

　このような世界の主要な金融資本市場での当局の規制を前提に考えると，日本企業が世界中の主要な証券市場で受け容れられる財務諸表を 1 組だけ作成するとすれば，国際会計基準または米国会計基準に準拠するのが賢明であるといえる。このようにして会計基準の国際的統合は，企業の財務諸表の作成コストの軽減に大きく貢献するであろう。

(2) **資本コスト**

　もっとも，外国での上場や資金調達を意図しない日本企業にとっては，当面は日本基準による財務諸表だけを作成することで十分である。しかし国際会計基準の導入が，資本コストの低減をもたらす可能性もある。

　ここに**資本コスト**とは，企業が現在の市場で成立している株価を維持するために，最低限かせぎ出さなければならない資本利益率のことである。資本コストは，多くの企業価値評価モデルにおいて，将来の利益やキャッシュ・フローを割引く現在価値計算により，株式の価値評価を行う場合の割引率として利用される。したがって資本コストが低下すれば，それに見合って企業価値評価額は大きくなる。

　この状況において，もし投資者が財務諸表の信頼性について不安を感じれば，その不安に起因するリスク負担分だけ，投資者が要求する資本コストが上昇する結果，企業価値評価額は低下するであろう。これに対し，国際会計基準の採用により，財務諸表に対する投資家の信頼性を確保できれば，その分だけ資本コストが低減されて企業価値評価額が向上する可能性が高い。

　これに関連して想起されるのは，過去の一時期において，日本企業の財務諸表が国際的な信頼性を失いかねない事態に陥り，これが「レジェンド問題」とよばれて対策が急がれた歴史である。レジェンド問題とは，日本の会計基準で作成され監査された財務諸表を英訳するときは，その英文財務諸表に対する監査報告書において，次のような注意喚起の文言（Legend Clause）を付記するよう，当時のビッグ 5 監査事務所が要請し，1999 年 3 月期から日本の大手監査

法人がこれを受け容れざるを得なかった事態をいう。監査報告書に付記を求められた文言は，「日本基準の財務諸表は日本の会計基準や会計慣行に基づいて作成されており，日本以外の国の会計基準や会計慣行で作成されたものではない旨，および監査も日本の監査基準と監査慣行に基づいて行われている旨」を示すものであった。これは日本基準が国際基準や米国基準に比べて劣ることを暗に認めさせられたことを意味する。このことに起因して，日本企業の資本コストがその分だけ高くなったであろうことは，想像に難くない。

付記を要請された注意喚起文言は，会計基準と監査基準の両方に及ぶので，問題解決のためにその両方への対応が急がれた。とくに会計基準に関しては，国際基準や米国基準との整合性を達成すべく，多数のトピックスに関する会計基準の新設改廃が精力的に推進された結果として，日本の会計基準は国際水準からみて遜色のない現状に到達したのである。これにより2004年3月期からは前述の注意喚起文言の付記は不要となったが，日本企業の財務諸表の国際的な信頼性の確保は，今後も継続して取り組むべき重要な政策課題である。

(3) 経営管理への役立ち

会計基準の国際的統合は，資金調達だけでなく経営管理の観点からも，企業にベネフィットをもたらすことが予想される。とくに世界の各地に在外子会社を有して，それを効率的に管理しなければならない企業には，多くの効用をもたらすものと期待される。

企業集団内の在外子会社の会計基準が統一されると，同じ基準で作成された情報が親会社に集まるから，会計データを活用して行う経営管理のための基盤を一元化することができる。これにより財務報告の品質が高まることは言うまでもないが，効果はそれだけにとどまらない。各子会社の業績を同一の基準で測定できるから，親会社は在外子会社の意思決定や経営管理を現地任せにすることなく，たとえば在外子会社別の資本利益率の比較などに基づき，利益率が高い国への投下資本額を増やすなどして，国際的な資金配分を効率化することが可能になる。

さらには，外国企業の財務諸表とのグローバルな比較可能性も促進される。この結果，世界市場で競争関係にある同業他社と比較して，自社が促進すべき長所や改善を要する弱点を，財務諸表分析を通じて的確に把握できるようになるであろう。

4　国際的統合への歩み

このようにして会計基準の国際的統合は，企業と投資者の両方に多くのベネフィットをもたらすことが期待されるため，古くからさまざまな提案と試みが行われてきた。このうち現在につながるのは，1973年に世界主要9か国の会計士団体（日本公認会計士協会も当初からの加盟団体）が集結して国際会計基準委員会（IASC：International Accounting Standards Committee）を設立し，「**国際会計基準**（IAS：International Accounting Standards）」を制定する活動を開始したことである。

しかし当初の会計基準には少なくとも2つの欠陥があった。第1に，加盟国の合意形成のために，各国の会計処理方法が並列的に幅広く是認されたこと（帰納的アプローチの採用）により，結果として財務諸表の国際的な比較可能性の促進が阻害されたこと。第2に，この会計基準には各国の行政機関からの支持がなく，基準に違反しても罰則のない紳士協定にすぎなかったため，強制力が欠けていたことである。

この状況は，**証券監督者国際機構**（IOSCO：International Organization of Securities Commissions）からの支持によって変革された。証券監督者国際機構は，アメリカの証券取引委員会（SEC）や日本の金融庁など，証券取引を監督する各国の行政機関によって構成される国際組織である。この国際組織は，資本の国際的な流通にとって，会計基準の国際的統合を通じた財務諸表の比較可能性の促進が不可欠であるとの認識に基づき，国際会計基準が是認する多様な会計処理方法の範囲を狭めるプロジェクトにも参加したのち，修正後の国際会計基準を2000年にグローバル・スタンダードとして承認した。これにより国際会計基準には，各国の行政機関の支持に裏付けられた強制力が付与されるこ

とになった。

　また2001年には，各国の会計士団体とは独立に国際基準を制定する組織として，**国際会計基準審議会**（IASB：international Accounting Standards Board）が発足し，制定される会計基準の名称も，**国際財務報告基準**（IFRS：International Financial Reporting Standards）へと改称され，現在はIASBがIFRSという名称で国際基準の制定を継続している。この結果，2018年12月末現在で24個の国際会計基準（IAS）と16個の国際財務報告基準（IFRS）が有効な国際基準として存在しており，これらは一括して国際会計基準と総称されている。

　この国際基準はEU諸国によっていち早く採用され，EU域内の企業には2005年から国際会計基準に準拠した連結財務諸表の公表が強制された。アメリカは，外国企業がアメリカ国内での上場や資金調達のために公表する連結財務諸表として，米国基準の採用はもちろんのこと，国際会計基準で作成した連結財務諸表も2007年から認めている。日本でも2009年4月以降に開始する年度から，日本企業が連結財務諸表の作成に際して国際会計基準の採用を選択することが許容され，2018年12月末現在で180社が国際会計基準を任意採用している。

　日本国内の会計基準の新設や改廃に際しては，国際会計基準との調整が重視されることが多い。日本の企業会計基準委員会はIASBとの間で，日本基準と国際基準の主要な差異を解消することに合意し，会計基準の国際的な統合を推進しつつある。

5　会計基準の適用区分

(1)　法令の規定

　日本企業が財務諸表を作成するために採用することができる会計基準は，根拠法令（金融商品取引法と会社法），企業規模（大会社と中小会社），および財務諸表の種類（個別と連結）によって相違する。【図表18−1】は，そのような区分ごとに企業に対して選択肢として許容されている会計基準の範囲を要約している。

【図表18－1】　日本企業の会計基準の適用区分

根拠法令	会社の区分	個別財務諸表	連結財務諸表
金融商品取引法	① 上場会社	日本基準	日本基準 指定国際会計基準 米国基準 修正国際基準
	② 非上場の有価証券報告書提出会社		
会社法	③ 会社法の大会社		（作成義務なし）
	④ その他の会社	日本基準 中小会計指針 中小会計要領	

　すべての会社は会社法の適用を受けるが，その中には同時に金融商品取引法の開示制度の適用を受ける企業もある。その中心は上場会社であるが，株式は非上場でも過去に1億円以上を公募で資金調達した企業なども含まれる。それらの会社は，個別財務諸表だけでなく連結財務諸表も作成しなければならないが，金融商品取引法の適用を受けない会社は，たとえ会社法上の大会社であっても，連結財務諸表の作成は要しない。

　日本企業が個別財務諸表を作成する場合には，日本基準に準拠しなければならない。ここに日本基準とは，企業会計基準委員会および企業会計審議会によって制定され，現在も有効とされているものをいう。ただし会社法の大会社に該当しない会社（【図表18－1】の④）は，日本基準のほか，**中小会計指針**（正式名称は「中小企業の会計に関する指針」）または**中小会計要領**（正式名称は「中小企業の会計に関する基本要領」）を選択することができる。これらの会計基準では，簡潔な会計処理による事務負担の軽減や課税所得計算との調和が重視されている。

　他方，連結財務諸表のための会計基準の選択肢は，日本基準（連結財務諸表規則の第1条）・指定国際会計基準（第93条）・米国基準（第95条）・修正国際基準（第94条）の4つである。これらの選択肢については，それぞれ次のような論点がある。

(2) 4つの会計基準の論点

　日本基準に関しては，連結財務諸表で前述の4基準からの選択が認められるのに対し，個別財務諸表の作成基準としては，日本基準だけが認められている事実に留意する必要がある。この方針は，企業会計審議会が2012年7月に公表した「国際会計基準（IFRS）への対応のあり方についてのこれまでの議論（中間的論点整理）」で提唱され，2013年6月の「国際会計基準（IFRS）への対応のあり方に関する当面の方針」でも継承されて，現在に至っている。

　連結財務諸表と個別（単体）財務諸表の間で，採用が認められる会計基準の選択肢を異ならせるこのような取扱を，前述の中間的論点整理は**連単分離**と称している。この連単分離は，会計基準の選択肢の範囲に関するものであるが，連単分離という用語には，同じ日本基準であっても，連結と単体で異なった会計処理や表示を規定するという意味もある。

　この後者の意味で，会計基準の規定内容のレベルでの連単分離が行われている事項は，①退職給付会計の一部（第12章で詳述）と②包括利益の表示（第5章で詳述）の2点である。退職給付会計で生じる過去勤務費用と保険数理差異は，単体ではその発生以後の年度へこれを配分して計上する遅延認識が行われるのに対し，連結ではその発生年度において全額を即時に認識して，これを「その他の包括利益」に計上する会計処理が規定されている。また，その他有価証券評価差額金に代表されるような未実現の時価評価差額の構成項目について，単体では純資産直入の会計処理が行われるのに対し，連結では当期純利益にこれらの項目を「その他の包括利益」として加算し，包括利益額を財務諸表の本体に表示する取扱が規定されている。

　次に，企業が国際会計基準を任意に選択する場合に関しては，連結財務諸表規則においてこの会計基準が「**指定国際会計基準**」と称されている点が重要である。すなわちIASBが制定するIFRS等の全部が自動的に連結財務諸表規則で認められているのではなく，「公正かつ適正な手続の下に作成及び公表が行われたものと認められ，公正妥当な企業会計の基準として認められることが見込まれるものとして金融庁長官が定めるもの（連結財務諸表規則第93条）」に

限られているのである。ただし別表2として列挙された指定国際会計基準のリストを見れば，IASBが公表した会計基準で，指定国際会計基準として認められなかったものは存在しないことがわかる。

　しかし国家主権の観点からは，IFRS等を自動的に受け入れるのではなく，個別的に評価する手続を経由することが重要である。この仕組は**エンドースメント**（endorsement）手続とよばれ，IASBの制定する個々のIFRS等の会計基準について，日本で受入可能かどうかを判断したうえで，必要に応じて一部の会計基準に削除や修正を加えて採択する余地が残されている。一連のIFRSの規定の一部を受け入れず適用除外とする取扱は，**カーブアウト**（curve-out）とよばれる。

　IFRSの受入可能性を判断する作業は，企業会計基準委員会によって遂行されており，そこではIASBが公表する会計基準を可能な限り受け入れることとしたうえで，日本の会計基準の基本的な考え方，実務上の困難さ，および周辺制度との関連の観点から，なお受け入れ難いとの結論に達したもののみを削除または修正するという方針が採用されている。このようにして形成されたのが「**修正国際基準**（JMIS：Japan's Modified International Standards）」である。

　これは，国際会計基準のうち日本基準とは考え方が著しく異なる部分に企業会計基準委員会が修正を加えることにより，日本企業が遵守しやすいように修正した，いわば日本版の国際会計基準ともいうべきものであり，連結財務諸表規則でも2016年3月決算期から適用できることとされた。ただし修正国際基準を採用して連結財務諸表を作成・公表する日本企業は実際には存在しない。修正国際基準の存在意義は，日本の会計基準の基本的な考え方を国際発信する手段として評価されるべきものと思われる。

　修正国際基準が，IFRSに対して修正を加えているのは次の2点である。①IFRSでは，のれんの償却は行わず，減損会計の適用によって対処することとされているのに対し，日本基準では20年以内のその効果が及ぶ期間にわたり定額法その他の合理的な方法による規則的償却を求めている点，および②未実現の時価評価差額を意味する「その他の包括利益」の項目の一部について，

IFRSではそれをいったん包括利益の計算に算入した以上，その未実現損益が事後的に実現した場合でも，包括利益の累計額から減額して当期純利益の計算に組入れることを禁止するのに対し，日本基準では「その他の包括利益」を構成するすべての項目について，その実現時点でその他の包括利益累計額から当期純利益へと振替える「組替調整（リサイクリング）」が必要であるとしている点がそれである。

なお順序は最後になったが，**米国会計基準**もまたニューヨーク証券取引所ほかアメリカの証券市場に古くから上場してきた日本の有力企業のいくつかによって今なお採用されている。ソニーやトヨタ自動車がその代表例であるが，かつて米国会計基準を採用して連結財務諸表を作成していた企業のいくつかがIFRSに変更したことにより，採用企業数は減少傾向にある。著者の調査によれば，2018年3月末までの1年間に終了した会計年度の連結財務諸表を，米国会計基準に準拠した作成した旨を有価証券報告書の経理の部の冒頭で明示している企業は，前述の2社を含めて20社であった。

(3) 基準間競争の動向

かつてアメリカも含めて世界の主要な金融資本市場でIFRSが用いられることになる可能性が存在し，日本でも全上場会社に対しIFRSの採用を強制することが現実的な政策の1つとして考えられていた2010年前後の時期に，会計学界で注目された1つの興味深い提案がある。米国イェール大学のシャム・サンダー教授が提唱した**基準間競争**の考え方がそれである（Sunder, S. 2002. Regulatory Competition Among Accounting Standards Within and Across International Boundaries. *Journal of Accounting and Public Policy.* 21-3）。各国政府が上場会社に対して，特定の会計基準の遵守を強制するのではなく複数の会計基準からの自由選択を許容することにより，市場での競争を通じて最善の会計基準への収束が期待されるというのである。

日本の連結財務諸表規則が，金融商品取引法のもとで4つの会計基準を並列的に是認し，企業の選択に委ねている現状は，まさに前述の基準間競争に相当

するといえよう。この競争はいまだ進行の途上であるが，ハンス・フーガーホーストIASB議長は2018年8月に日本で行った「日本とIFRS基準」と題する講演（企業会計基準委員会編「季刊会計基準」63号，8－21頁に収録）で，次のような興味深い観察を披露している。彼はIFRSをめぐる日本の政策を経済的実験として解釈し，時価総額でみて30％を大きく上回る大規模で国際的な日本企業がIFRSを選択したのに対し，米国会計基準の適用企業数が減少してきた事実を指摘し，これが意味する次の3つの論点を強調する。

①自由選択が許容されると，企業はIFRSがもたらすベネフィットと国際的認知を享受するため，自発的に移行コストを負担する用意があること，②移行企業は修正国際基準ではなく完全なIFRSを選択したこと，③全企業へのIFRSの一斉適用が難しい国では，日本の方式が政策の有効な選択肢となり得ることの3点がそれである。

日本の現状が，IFRSの任意適用の拡大を金融庁が国策として強力に後押ししてきた結果であることを考えれば，市場での全く自由な基準間競争の結果ではないかもしれないが，IASB議長の観察は傾聴に値する。また過去四半世紀にわたり日本で新設や改廃が行われた会計基準の多くが，IFRSから顕著な影響を受けてきたことを考えれば，会計基準の国際的統合は今後も引き続き日本の財務会計を牽引する原動力であり続けるものと思われる。

索　引

〔あ行〕

アウトプット法 …………………… 106
アップ・ストリーム ……………… 207
洗い替え方式 ……………… 74,76,124
意思決定支援機能 ……………………… 5
意思決定との関連性 ……………… 17
意思決定有用性 …………………… 16
一計算書方式 ……………………… 56
一時差異 …………………………… 176
一時点で充足される履行義務 …… 105
一取引基準 ………………………… 111
１年基準 …………………………… 53
一定期間にわたり充足される履行義務 … 105
移転損益 …………………………… 167
違法配当 …………………………… 183
インセンティブ（報酬）システム ……… 6
インプット法 ……………………… 106
請負工事 …………………………… 106
売上割戻 …………………………… 102
売り建て ……………………… 85,119
運転資本 …………………………… 65
永久差異 …………………………… 174
営業活動 …………………………… 65
営業循環 ……………………… 52,55
営業循環基準 ……………………… 52
営業利益 …………………………… 55
演繹的アプローチ ………………… 12
エンドースメント ………………… 218
OCIオプション …………………… 81
オプション取引 …………………… 87
オフバランス処理 ………………… 91

親会社株主に帰属する当期純利益 …… 56
親会社説 …………………………… 196

〔か行〕

カーブアウト ……………………… 218
買入れのれん説 …………………… 203
会計主体論 ………………………… 195
会社計算規則 ……………………… 49
会社の分割 ………………………… 166
会社法 ……………………………… 6,48
回収可能価額 ……………………… 127
回収基準 ……………………… 97,103
買い建て ……………………… 85,119
概念フレームワーク ……………… 12
外部積立 …………………………… 134
確定給付型 ………………………… 134
確定拠出型 ………………………… 134
確定決算基準 ……………………… 7
確定申告書 ………………………… 172
過去勤務費用 ……………………… 141
割賦販売 …………………………… 103
合併 ………………………………… 160
株式移転 …………………………… 164
株式交換 …………………………… 164
株式報酬費用 ……………………… 155
株主資本 ……………………… 18,31,145
株主資本等変動計算書 …………… 57
仮払法人税等 ……………………… 172
為替換算調整勘定 ………………… 153
為替予約 …………………………… 112
勘定式 ……………………………… 53
間接法 ……………………… 66,68

完全親会社	164	繰越欠損金	177
完全子会社	164	繰越利益剰余金	148
完全市場	41	繰延資産	189
完備市場	41	繰延税金資産	178, 182
関連会社株式	75	繰延税金資産の回収可能性	179
期間差異	175	繰延税金負債	176, 182
期間定額基準	136	繰延ヘッジ会計	93, 116
企業結合	159	繰延ヘッジ損益	152
企業主体理論	195	繰延ヘッジ利益	93, 116
企業内容開示制度	4, 48	繰延法	180
基準間競争	219	経済学的利益	37
期待運用収益相当額	138	経済的単一体説	196
期待値	102	計算擬制的項目	27
帰納的アプローチ	11	計算書類	47
期末評価	121	経常利益	25, 55
逆取得	167	契約	98
逆選択	5	契約支援機能	7
キャッシュ・フロー計算書	50	契約資産	107
キャッシュフロー・ヘッジ	94, 116	契約負債	101, 107
吸収型再編	159	現受け決済	91
吸収合併	160	原価回収基準	107
吸収分割	166	原価基準	123
給付算定式基準	136	研究開発支出	27
業績連動報酬	6	現金および現金同等物	65
共通支配下の取引	161	減資差益	147
共同支配企業の形成	161	原資産	83
共用資産	125	減損	125
切放し方式	74, 77, 124	減損処理	77, 125
勤務費用	137	減損の兆候	126
金融資産	45, 71	減損の判定単位	125
金融商品取引法	4, 48	権利義務確定主義	173
金融要素	103	恒久利益	25
区分法	155	工事完成基準	107
組替調整	33, 76, 145, 221	工事進行基準	106
クリーン・サープラス関係	29, 31, 43	公正価値オプション	80

索　引

公正価値ヘッジ …………………… 94
コール・オプション ……………… 119
子会社株式 ………………………… 75
国際会計基準 …………………… 214
国際会計基準委員会 …………… 214
国際会計基準審議会 …………… 215
国際財務報告基準 ……………… 215
固定性配列法 ……………………… 52
混合的測定 …………………… 45, 111

〔さ行〕

財政状態 …………………………… 51
最頻値 …………………………… 102
財務会計の概念フレームワーク … 13
財務活動 …………………………… 66
財務諸表 …………………………… 47
財務諸表等規則 …………………… 49
財務制限条項 ……………………… 7
先物為替相場 …………………… 110
先物取引 …………………………… 85
先渡し取引 ………………………… 88
差金決済 …………………………… 91
残余利益 …………………………… 43
残余利益モデル …………………… 42
時価 ……………………………… 78
時価ヘッジ会計 …………………… 93
直先差額 ………………………… 115
直直差額 ………………………… 115
直物為替相場 …………………… 110
事業税 …………………………… 172
事業用資産 ………………………… 45
資金概念 …………………………… 65
資金繰り …………………………… 64
自己株式 ……………… 149, 185, 187
自己株式処分差益 …… 148, 150, 188

自己株式の有償取得 ……… 183, 188
自己資本比率 …………………… 198
自己資本利益率 ………………… 198
事後情報 …………………………… 2
自己創設のれん ………………… 19
資産 ……………………………… 18
資産負債アプローチ ………… 20, 23
資産負債中心観 ………………… 23
資産負債法 ……………………… 180
自社株購入選択権 ……………… 155
事前情報 …………………………… 2
指定国際会計基準 ……………… 217
支配力基準 ……………………… 200
四半期財務諸表 ………………… 49
四半期報告書 …………………… 48
資本金 …………………………… 146
資本金減少差益 ………………… 147
資本減少説 ……………………… 150
資本控除説 ……………………… 150
資本コスト ……………………… 212
資本主理論 ……………………… 195
資本準備金 ………………… 146, 194
資本準備金減少差益 …………… 147
資本剰余金 ……………………… 146
資本取引説 ………………… 205, 207
収益 ……………………………… 18
収益費用アプローチ …………… 23
収益費用中心観 ………………… 23
修正受渡日基準 ………………… 71
修正国際基準 ……………… 13, 33, 218
修繕引当金 ……………………… 27
住民税 …………………………… 172
重要性の原則 …………………… 53
取得 ……………………………… 160
取得関連費用 …………………… 162

223

取得企業	161, 164, 167
純資産	18, 31
純資産直入	30, 76
純資産直入法	191
純資産の部	145
純利益	18, 19
使用価値	127
償却原価法	74, 80
承継会社	166
証券監督者国際機構	214
条件付保守主義	130
上場物	88
消費税	101
情報提供機能	5, 14
情報の非対称性	2, 4, 6, 7
正味売却価額	123, 127
剰余金	184
剰余金の配当	149, 183
将来加算一時差異	176
将来減算一時差異	177
所得課税	171
新株予約権	154
新株予約権付社債	154
真実性の原則	16
新設型再編	159
新設合併	160
新設分割	166
進捗度	105
信頼性	17
数理計算上の差異	140
ストック・オプション	155
スワップ取引	88
税効果会計	174
生産基準	97
税抜方式	102

全額消去・持分比率負担方式	207
全部のれん説	204
全部純資産直入法	78
全面時価評価法	202
総額主義	51
遡及処理	15
測定	20
その他資本剰余金	148
その他の包括利益	30, 76, 80
その他の包括利益累計額	151
その他有価証券	75
その他有価証券評価差額金	76, 153, 194
その他利益剰余金	148
損益取引説	205, 206

〔た行〕

大会社	48
対価の回収可能性	98
貸借対照表	51
退職一時金	134
退職給付に係る調整額	143
退職給付に係る調整累計額	143, 153
退職給付に係る負債	143
退職給付引当金	136
退職給付費用	136
退職年金	134
代理人	99
タックス・プランニング	179
棚卸減耗費	122
棚卸評価損	122
遅延認識	141, 153
中間申告	172
忠実な表現	17
中小会計指針	216
中小会計要領	216

直接法	66	配当制限	7, 143, 146
通貨オプション	118	配当割引モデル	42
積立方式	133	売買処理法	167
低価基準	123	売買目的有価証券	73
定額法	75	発行市場	48
ディスクロージャー制度	4, 48	発生主義会計	174
出口価格	78	販売基準	97
デリバティブ	83	非支配株主に帰属する当期純利益	199
店頭物	88	非支配株主持分	157, 199
投機	86	被取得企業	161, 164, 167
当期業績主義	55	費用	18
当期純利益	56	評価・換算差額等	76, 151
投資活動	65	費用性資産	121
投資のポジション	51	非連携	30
独立処理	113	賦課方式	133
土地再評価差額金	152, 192	負債	18
トライアングル体制	1, 8	負債の時価評価のパラドックス	46
取引価格	101	プット・オプション	119
取引の本人	99	負ののれん	162
トレーディング目的	124	部分時価評価法	202
〔な行〕		部分純資産直入法	76
		振当処理	113, 119
内的整合性	18	分割会社	166
内部引当	134	分配可能額	183, 186
二計算書方式	56	分離先企業	166
二取引基準	111	分離元企業	166
日本基準	217	米国会計基準	219
任意積立金	148, 149	ヘッジ	84
認識	20	ヘッジ会計	92
のれん	125, 128, 162, 189, 202, 218	ヘッジ手段	93
のれん等調整額	189	ヘッジ対象	93
〔は行〕		変動対価	102
		簿価引継法	167
パーチェス法	160	ポイント制度	100
配当金	149	ポイント引当金繰入額	100

包括利益 …………………… 18, 19, 30
包括利益計算書 …………………… 50
報告式 …………………………… 53
法人税 …………………………… 172
法人税等調整額 ………… 176, 178, 182
法人税法 …………………………… 7
法人税・住民税・事業税 …… 172, 182
法定実効税率 …………………… 180
簿記上の取引 …………………… 71
保守主義 ………………………… 129
本源的価値 ………………… 42, 156
ボンディング（自主規制） ………… 6

〔ま行〕

満期保有目的の債券 ……………… 74
未払法人税等 …………………… 172
無条件保守主義 ………………… 129
目的適合性 ……………………… 17
持ち合い株式 …………………… 75
持株基準 ………………………… 200
持分の結合 ……………………… 160
持分プーリング法 ……………… 160
モニタリング（監視）活動 ………… 6
モラルハザード（道徳的陥穽） …… 6

〔や行〕

約定日基準 ……………………… 71
有価証券運用損益 ……………… 73
有価証券届出書 ………………… 48
有価証券報告書 ………………… 48

用益潜在力 ……………………… 36
予定取引のヘッジ ……………… 117

〔ら行〕

リース資産 ……………………… 28
利益準備金 ………… 148, 149, 194
利益剰余金 ……………………… 148
利益の品質 ……………………… 64
利害調整機能 …………………… 7, 14
履行義務 ………………………… 98
履行義務の充足 ………………… 104
リサイクリング ……… 33, 76, 143, 219
利息費用 ………………………… 137
利息法 …………………………… 75
流通市場 ………………………… 48
流動性配列法 …………………… 52
臨時計算書類 …………………… 188
臨時決算 ………………………… 188
レジェンド問題 ………………… 212
レベル1 ………………………… 78
連携 ……………………………… 30
連結会計主体論 ………………… 195
連結計算書類 ………………… 47, 49
連結財務諸表 ………………… 47, 49
連結配当規制適用会社 ………… 192
連単分離 ……………… 50, 143, 217

〔わ行〕

割引現在価値 ……………… 37, 136
割引利子率 …………………… 136

著者紹介

桜井　久勝（さくらい　ひさかつ）

1975年神戸大学経営学部を卒業し，同大学院へ進学。
1977年公認会計士試験第3次試験に合格。
1979年神戸大学助手，1993年教授，2016年関西学院大学教授，2019年から公認会計士・監査審査会会長。博士（経営学）及び公認会計士。

【主要著書】『財務会計講義（第21版）』中央経済社，2020年。『会計学入門（第5版）』日経文庫，2018年他。

著者との契約により検印省略

平成31年3月31日　初版第1刷発行 令和2年10月31日　初版第2刷発行	財務会計の 重要論点

著　者	桜　井　久　勝
発行者	大　坪　克　行
印刷所	税経印刷株式会社
製本所	牧製本印刷株式会社

発行所　〒161-0033 東京都新宿区下落合2丁目5番13号　株式会社 税務経理協会

振　替 00190-2-187408　電話 (03)3953-3301（編集部）
FAX (03)3565-3391　　　 (03)3953-3325（営業部）
URL http://www.zeikei.co.jp/
乱丁・落丁の場合は，お取替えいたします。

© 桜井久勝 2019　　　　　　　　　　　　　　　Printed in Japan

本書の無断複写は著作権法上での例外を除き禁じられています。複写される場合は，そのつど事前に，（社）出版者著作権管理機構（電話 03-3513-6969，FAX 03-3513-6979，e-mail : info@jcopy.or.jp）の許諾を得てください。

JCOPY ＜(社)出版者著作権管理機構 委託出版物＞

ISBN978-4-419-06616-1　C3034